Schirner
Verlag

Oliver Driver

Über das Gelingen

Kleine Rituale zur Selbstheilung

Schirner
Verlag

ISBN 978-3-8434-5076-8

Oliver Driver:
Über das Gelingen
Kleine Rituale zur Selbstheilung
© 2013 Schirner Verlag, Darmstadt

Umschlag: Silja Bernspitz, Schirner,
unter Verwendung von #24801164
(cube197), www.fotolia.com
Redaktion: Barbara Rave, Schirner
Satz: Bastian Rittinghaus, Schirner
Printed by: ren medien, Filderstadt,
Germany

www.schirner.com

1. Auflage Juli 2013

Inhalt

Über das Gelingen

Was bedeutet »Gelingen« für dich? Wusstest du, dass das deutsche Wort »gelingen« etwas ganz Besonderes ist? Im Englischen und auch in vielen anderen Sprachen gibt es keine Übersetzung dafür. Das englische *success* bedeutet Erfolg, bezeichnet also das Endergebnis. *Gelingen* hingegen beschreibt den ganzen Prozess hin zu diesem Ergebnis. Ein Kirschkuchen ist gut gelungen. Das ist etwas anderes als ein Erfolg.

Sprich bitte die beiden folgenden Sätze laut und bewusst aus, und stelle dir währenddessen die Frage: Was fühlt sich besser an?

»Mein Leben war ein Erfolg«, oder »Mein Leben ist mir gelungen«.

Möchtest du lieber ein erfolgreiches oder ein gelungenes Leben führen?

Ein gelungenes Leben führt zu Heilung. Ich denke, dass Gelingen auch immer Heilung beinhaltet. So ist jeder gelungene Tag zugleich ein Tag der Heilung. Ein gelungenes Leben ist ein Leben, in dem wir uns heilen. Vielleicht ist es nicht frei von Krankheiten, vielleicht werden wir sogar irgendwann an einer Krankheit sterben, dennoch können wir unser Leben schließlich als gelungen ansehen. Und sicherlich kannst du dir auch vorstellen, was es bedeutet, ein langes Leben gelebt zu haben, an dessen Ende man im Fazit sagen muss, dass es nicht allzu gelungen war. Damit dir das nicht passiert, machen wir nun im Leben gemeinsam eine Kehrtwende – oder zumindest eine kleine Richtungsänderung.

Hast du manchmal das Gefühl, dass du in deinem Leben eine wichtige Weggabelung verpasst hast? Kommt es dir so vor, als wärst du über bedeutungsvolle Kreuzungen deines Lebensweges nur so hinweggerast? Dann bist du hier richtig. Kriege die Kurve! Finde zurück in dein Leben!

Heilung bedeutet nicht immer die Abwesenheit von Krankheit. Aber Heilung kann einfach sein. Heilung kann schnell sein. Und manchmal ist Heilung auch einfach die Fähigkeit, das anzunehmen, was ist. Die Symptome verlieren dadurch ihre Kraft – und können geheilt werden.

Es gibt einen einfachen, schnellen und praktikablen Weg zu mehr Glück, Gesundheit und Kraft. Diesen möchte ich dir in den nächsten Tagen vorstellen. 18 Tage lang wirst du täglich jeweils eine Frage schriftlich beantworten, ein wenig zu bestimmten Themen lesen und jeden Tag ein dazu passendes Ritual durchführen. Diese Rituale müssen nicht immer allein im stillen Kämmerlein gemacht werden, sondern ganz im Gegenteil, du sollst sie sogar in deinen Alltag integrieren. Das eine oder andere Ritual gefällt dir vielleicht sogar so gut, dass du es anschließend täglich durchführst.

Ich hoffe, dass dir meine Auswahl nicht zu einfach ist. Gute Rituale sind einfach. Rituale sollen niemanden – weder dich noch andere – beeindrucken. Sie sollen wirken. Deine Aufgabe ist es, sie zum Leben zu erwecken, ihnen Sinn zu verleihen. Vielleicht wirst du in diesem Programm das kraftvolle Ritual der Meditation vermissen. Diese habe ich bewusst weglassen, denn dazu gibt es genug gute Bücher. Letztlich sind aber die kleinen Rituale und die Schreibübungen nichts anderes als Meditationen.

Ich habe viel geschrieben, noch viel mehr gelesen und gehört. Ich bin Schamane, Coach und Lehrer. Auch mein Leben hat Höhen und Tiefen, darin unterscheidet es sich nicht von dem Leben jedes anderen Menschen. Ja, ich bin glücklich mit dem, was ich tue. Ich habe die Chance genutzt, einfach das zu tun, was ich gern mache. Diese Chance kam aber nicht einfach vorbeispaziert, sondern ich erschuf sie mir in langer Arbeit. Vor sieben Jahren hätte ich niemals gedacht, dass ich einmal an meinem achten Buch schreiben würde. Doch heute macht es mir so viel Spaß und die Reaktionen der Leser bereiten mir solch eine Freude, dass ich mir kaum noch vorstellen kann, ohne das Schreiben zu leben. Aber ich habe auch Zeiten mit Geldsorgen und Kummer und Frust. Vielleicht habe ich aber mittlerweile ganz gut gelernt, damit umzugehen. Ich habe mir für mich eine innere Ruhe aufgebaut, die es mir ermöglicht, anders mit Dingen umzugehen. Ich habe gelernt, auch mal einen Schritt zurückzutreten, und oft habe ich den so nötigen Humor dabei. Von Tag zu Tag lerne ich mich besser kennen, und dennoch bin ich auch heute noch damit beschäftigt, mich selbst anzunehmen, so wie ich bin. Denn ich bin der festen Überzeugung, dass sich kein Mensch wirklich verändern kann, jedenfalls nicht in dem Sinne, dass er ein anderer Mensch wird. Dies schafft kein Buch, kein Workshop und kein Guru. Was aber jeder Mensch lernen kann, ist, sich seiner selbst bewusst zu werden und seinen eigenen Weg zu finden.

Folgerichtig geht es mir auch darum, dass du deinen eigenen Weg findest und ihn lustvoll, mutig und mit Freude beschreitest. In dir ist ein Samen, ein Potenzial, angelegt, der dich durch dein Leben begleitet. Diesen Samen für dich zu entdecken, führt dazu, dass du deine Vision lebst. Diese deine Vision, deine Zukunft, deutet sich auch in der Gegenwart immer wieder in kleinen Tendenzen an. Lasse uns diese Tendenzen gemeinsam suchen und finden. Jedes kleine Element wird so zur Perle einer wundervollen Kette, die dein Leben von einem Moment zum anderen verändern kann.

Die schnellstmögliche Veränderung
findet in dir selbst statt,
nicht im Außen!

Für den Weg hin zu dieser Veränderung werde ich dir im Laufe der folgenden Lektionen – im Idealfall also jeden Tag – eine Frage *schenken*. Ja, bei diesen Fragen handelt es sich um Geschenke. Sie helfen dir, Dinge zu erkennen, Dinge anders zu sehen und Dinge zu verstehen. Sieh deine Frage bitte nicht als abzuhandelnde Aufgabe oder als lästiges Übel an. Die Antworten auf diese Fragen zu finden, stellt neben der Durchführung der Rituale den Kern deines Heilungsprozesses dar. Das schriftliche Beantworten der Fragen ist kein Abrufen von Wissen aus deinem Verstand. Vielmehr geht es darum, dass du auf diese Weise lernst, das Wissen deines Körpers zu nutzen. Arbeite mit deinem Körperbewusstsein! Am besten schaffst du dir für diese Schreibübungen ein Heft oder ein schönes Notizbuch an.

Wenn du später darin zurückblätterst, fallen dir zu deinen Notizen sicherlich noch ganz neue Ideen ein.

Beantworte bitte die jeweilige Frage nur, wenn du auch wirklich Zeit dazu hast. Fange gar nicht erst an, wenn du nicht mindestens 20 ruhige Minuten hast, in denen du garantiert nicht gestört wirst. Immer mal wieder wirst du bei einer Frage denken, dass fünf Minuten doch eigentlich für ihre Beantwortung genügen müssten. Dies ist ein Irrtum. Dann spricht dein Ego, das merkt, dass es ihm an den Kragen geht.

Schreibe einfach intuitiv drauf los, lasse deine Hand, dein Körperbewusstsein, sprechen. Denke nicht nach, lasse es einfach fließen. Schreibe alles so auf, wie es kommt, Worte, Satzfetzen, Emotionen – unzensiert, unbewertet. Halte alle Gedanken und Ideen schriftlich fest!

Diese Fragen nur »im Kopf« zu beantworten, ohne die Antworten aufzuschreiben, ergibt keinen Sinn. Es geht hier nicht um Nachdenken oder um rationale Überlegungen. Dein Unbewusstes steht in direktem Kontakt mit deinem Körperbewusstsein. Vielleicht sind diese beiden sogar ein und dasselbe. Hierin besteht die Quelle deiner Zukunft und nicht im Verstand.

Veränderung — Alles fließt

Es gibt einen Moment in deinem Leben,
an dem du dich entscheiden wirst,
nicht mehr zu leiden.

»Erkenne dich selbst«, stand über dem Eingang zum Orakel von Delphi. Und das war wahrscheinlich die Essenz, das Wichtigste, was die Menschen von dort mit nach Hause nahmen. Nur oberflächlich ging es um ein paar neue Ideen oder spirituelle Gedanken für den Fragenden. In der Tiefe aber war das Ziel, mehr über sich selbst zu erfahren.

Oft liest oder hört man, dass Veränderung ein langer harter Weg sei, für den man viel Geduld und Durchhaltevermögen brauche. Ist das wirklich wahr? Oder ist Veränderung nicht vielmehr eine Entscheidung? Veränderst du beispielsweise nicht einfach etwas, indem du dich dafür entscheidest, ab heute einfach für dich da zu sein? Oder dich sorgsam und liebevoll um dich zu kümmern? Lasse uns gemeinsam den Weg zur Veränderung gehen!

Du hast dich für alles, was in deinem Leben ist, entschieden. Alles, was du erlebst, ist letztendlich in einer früheren Entscheidung begründet. Du hast dir Rollen ausgesucht und versuchst, sie gut auszufüllen. Aber: Du **MUSST** kein liebenswerter Mensch sein. Du **MUSST** kein guter Partner sein. Natürlich kann es schön sein, ein liebevoller Mensch oder beruflich erfolgreich zu sein oder Idealgewicht zu haben. Aber bist **DU** das? Oder bist du einfach derjenige, der[1] jetzt gerade mal in den Spiegel schaut? Nun, du bist all dies gerade nicht, und du bist es auch nicht, der dies sein oder haben will. Du bist derjenige, der in den Spiegel blickt – bis genau zu diesem Moment, in dem du benennst, bewertest und kommentierst, was du siehst. Denn dann übernimmt dein Ego das Kommando und verfälscht, interpretiert und manipuliert das Jetzt.[2]

Der beste – und einzige – Weg zur Veränderung ist immer, dich so anzunehmen, wie du bist. Einige Zeilen aus einem Gedicht von Rainer Maria Rilke beschreiben den Veränderungsprozess sehr treffend: »Alles ist austragen – und dann gebären ...« Gib den Dingen also die Zeit, die sie brauchen, um sich ungestört entwickeln zu können. Ein Baum steht Jahr für Jahr am selben Platz, er widersteht Stürmen, er harrt dort im Winter aus – und hat dennoch keine Angst, dass es keinen Sommer geben wird. »Man muss Geduld haben, gegen das Ungelöste im Herzen, und versuchen, die Fragen selber lieb zu haben (...)«[3], schreibt Rilke weiter zu diesem Thema. Mit Fragen meint er all die Lebensthemen, die dich unter anderem auch dazu gebracht haben, dieses Buch zu lesen.

---

1 Ich verwende in diesem Buch das generische Maskulinum, um die Lesbarkeit zu erhöhen. Natürlich möchte ich dich, liebe Leserin, mit Begriffen wie »derjenige« oder Ähnlichem genauso ansprechen und einbeziehen.
2 Auf dieses Thema werde ich in den nachfolgenden Kapiteln immer mal wieder eingehen.
3 Franz Xaver Kappus: Briefe an einen jungen Dichter. 1903. Online auf: http://www.rilke.de/briefe/briefe_index.htm

Wenn du deine Fragen lebst, wirst du eines Tages in deren Antworten hineinwachsen. Lebe deine Fragen, und sieh das Leben als Lernaufgabe. Verliere dabei aber nie das Spielerische. Das Leben ist keine Herausforderung und kein Stress, erst du machst es dazu.

Die 18 kleinen Rituale und die Schreibübungen, die hier zusammengestellt sind, sollen dich auf diesem Weg des Hineinwachsens begleiten. Ich versichere dir: Du brauchst nicht mehr als diese kleinen Rituale.

Ritual zum Morgen

Mit diesem Ritual kannst du den morgigen – und auch jeden weiteren – Tag freudig beginnen. Dann werden sich schon allein durch deine Einstellung die ersten Dinge verändern.

Stelle deinen Wecker auf eine Uhrzeit, bei der du morgens nach dem Aufstehen nicht in Stress gerätst. Nutze als Weckton eine dir angenehme Musik und kein schrilles Klingeln.

Betrachte nach dem Aufwachen als Erstes deine Träume. Die guten Träume erzählst du dir oder deinem Partner nochmals und genießt sie. Schlechte Träume träumst du in Gedanken bewusst weiter und lässt sie so enden, dass sie dir gefallen.

Anschließend dehnst und streckst du dich ausgiebig wie eine kleine Katze, die alle Zeit der Welt hat. Dann schenke nacheinander all deinen Körperteilen deine Aufmerksamkeit, und atme in jedes jeweils drei Atemzüge.

Nun umarme dich. Umarme deinen Partner.

Bedanke dich für den Tag und versichere dir selbst, dass du bereit bist, aus diesem Tag das Beste zu machen. Sage zu dir: »Ich bin bereit, mein Bestes zu geben.«

Freue dich auf die Aufgaben, die dir das Leben heute schicken wird.

Intuitives Schreiben für den 1. Tag

Deine Frage für heute lautet:

Wer bin ich im Moment?

Schreibe einfach drauflos, lasse deine Hand sprechen. Denke dabei nicht nach, lasse es einfach fließen. Halte alle Gedanken und Ideen schriftlich fest!

Das Geschenk des Dilemmas

Es gibt Leiden.
Es gibt eine Ursache des Leidens.
Es gibt ein Ende des Leidens.
Es gibt einen Weg zu diesem Ende.

Was ist dein Dilemma? Du hast keins? Dann stürze ich dich gern in eins. Du hast dich damit beschäftigt, wer du bist. Wahrscheinlich sind dir dabei einige Aspekte aufgefallen, die du gern ändern würdest, oder? Das ist dein Dilemma. Du weißt genau, wie es sein sollte. Aber du lebst dies nicht. Gründe, dies nicht zu tun, gibt es viele. Du weißt – wie jeder andere Mensch auch – wie für dich eine bessere Welt aussähe. Erst das Wissen um die Differenz zwischen dem Ist- und dem Sollzustand bringt dich dazu, Emotionen zu entwickeln, die dich antreiben. Es mag sein, dass du abstrakte Begriffe wie Klarheit, Freiheit, Glücklichsein, Unabhängigkeit, Verbundenheit oder Liebe nutzt, wenn du deine Wunschzukunft beschreibst. Tief in dir hast du genaue Vorstellungen davon, wie du deine Freiheit leben würdest oder wie du dich mit mehr Klarheit verhalten würdest. Oder sprichst du vielleicht eher davon, was alles nicht mehr da wäre, wenn du deinen Sollzustand erreicht hättest?

Solltest du eher in diesen abstrakten Begriffen (z. B. »mehr Klarheit«, »alles anders«, »nicht mehr diese Unzufriedenheit«) denken, dann stelle dir jetzt dein Wunschleben als Film vor. Was machst du als Hauptdarsteller dieses Films anders als heute? Gehe deinen kompletten Tagesablauf durch, achte auf jede kleine Veränderung. Schaue, was du tust, nicht, was du nicht mehr tust! Wenn dir diese Übung schwerfällt, dann boykottiert dich etwas in deinem Inneren. Aber auch dann wirst du durch die verschiedenen Rituale Klarheit darüber bekommen, welche nächsten Schritte du machen solltest.

Ohne Dilemma würdest du keine Energie und Zeit auf die Veränderung deines Lebens verschwenden. Vielleicht weißt du, dass etwas in deinem Leben nicht stimmt. Du hättest beispielsweise gern mehr Klarheit, kannst jedoch nicht beschreiben, woran du in deinem Verhalten und Tun einen Fortschritt diesbezüglich erkennen würdest. Was wäre anders, wenn du die ersehnte Klarheit hättest? Was würdest du tun – nicht denken oder fühlen? Gern umgehen wir klare Entscheidungen und wollen nicht handeln, sondern wir bevorzugen es, uns als Ziel nur zu setzen, dass wir uns einfach besser fühlen wollen. Dabei übersehen wir, dass das Gefühl eine Reaktion auf unser Handeln und unser Erleben ist. Nur so wird ein Schuh draus!

Wenn du unzufrieden mit deinem Leben bist, wird es vermeintlich schwieriger – weil du deinem Ego alle Macht gibst. Du müsstest handeln, Dinge aufgeben und zu neuen, unbekannten Ufern aufbrechen. Dein Ego aber hängt an den Dingen, es kann nicht loslassen. Seine Angst vor Veränderung ist riesengroß. Sobald du es wagst und all deine Bedenken und Ängste über Bord wirfst, kannst du handeln – und zwar so, wie du in deiner Vorstellung handeln würdest, wenn du deine Bedenken und Ängste nicht hättest.

Verstehe mich bitte nicht falsch! Es ist völlig in Ordnung, den ungeliebten Job nicht hinzuwerfen, weil sonst womöglich deine Familie hungern würde. Doch dann stehe zu deinem Verhalten, und betrachte dich nicht als Opfer. Denn in einem solchen Fall entscheidest du dich für den Job und für deine Familie. Also mache das Beste daraus!

Im Buddhismus spricht man von den *vier edlen Wahrheiten,* die den Weg der Befreiung vom Ego beschreiben. Die erste edle Wahrheit, *dukkha* genannt, besagt, dass Leben immer Leiden ist. Der Begriff des Leidens umfasst auch Schmerz, Krankheit, Unbefriedigtheit, Kummer und Unvollkommenheit, also all das, was uns Menschen Probleme bereitet. Schon von seiner Natur aus ist Leben untrennbar mit Leiden verbunden. Solltest du mit dieser Aussage heute noch nichts anfangen können, warte einfach, bis du dieses Buch gelesen hast.

Die zweite edle Wahrheit – *samudaya* – bedeutet, dass die Ursachen dieses Leidens Begehren, Abneigung und Unwissenheit sind. Das Leiden kommt vom Anhaften an oder dem Festhalten von Dingen, Identifikationen, Formen und mehr aufgrund falscher Wahrnehmungen. Wir hängen an Vorstellungen, Ideen, mentalen Modellen, Meinungen und Glaubenssätzen. Konflikte bis hin zu Kriegen entstehen dadurch, aber auch innere Konflikte zwischen dem, der du bist, und dem, der du sein möchtest.

Die Aussage der dritten edlen Wahrheit – *nirodha* – lautet: »Das Erlöschen des Begehrens ist möglich.« Alle großen Lehren besagen, dass es einen Weg der Erlösung gibt.

Die vierte edle Wahrheit – *magga* – erläutert, dass das Erwachen über den *edlen achtfachen Pfad* führt. Zu diesem gehören: rechte Sicht, rechte Entschlossenheit, rechtes Reden, rechtes Handeln, rechter Lebensunterhalt, rechtes Bemühen, rechte Aufmerksamkeit/Achtsamkeit und rechte Konzentration. Es gibt also einen Pfad hinaus aus dem Dilemma.

Steckst du nicht bereits in einem Dilemma, weil du weißt, dass es nur an dir liegt, etwas zu tun, und du es aber trotzdem nicht tust? Sicherlich kennst du diese Berichte darüber, was Menschen auf dem Totenbett antworten, wenn sie gefragt werden: »Was bereuen Sie am meisten in Ihrem Leben?« Die meisten Antworten entsprechen dem Schema: » »Dass ich … nicht getan habe.« Sterbende bereuen, dass sie Dinge nicht gewagt haben, aber selten das, was sie getan haben.

Ritual – Beten und Bitten

Bist du – wie auch ich – christlich erzogen worden? Viele Menschen haben heutzutage dennoch keinen Bezug mehr zur Kirche und allem, was damit verbunden ist. Dennoch ist vieles gut, was zum christlichen Glauben gehört. Beten beispielsweise ist ein kraftvolles Ritual, das wir oft unbewusst oder oberflächlich begehen. Auch wenn ich vor 20 Jahren aus der Kirche ausgetreten bin, ertappe ich mich immer mal wieder dabei, dass ich denke: »Bitte, lieber Gott, mache, dass …«

Beten kann die klassische Bitte an Gott sein. Es kann aber auch ein inneres Zwiegespräch mit einer nicht näher definierten Macht sein. Oder es kann eine Meditation sein. Vielleicht wird dir sogar irgendwann bewusst, dass du selbst als Schöpfer deiner Welt zu dir betest.

Richte deinen Tagesablauf doch so ein, dass du morgens oder abends Zeit für ein Gebet hast. Kaufe dir eine schöne große Kerze, die von nun an deine Gebetskerze ist. Zünde die Kerze an, und schaue, wie die Flamme wächst. Sei in diesem Moment bewusst und achtsam. Sicherlich ist ein Streichholz zum Anzünden passender als ein Feuerzeug. Betrachte mit einem Blick der Liebe deine Hände, das Streichholz und den Docht. Nimm dir Zeit dafür. Kein Ritual der Welt ergibt Sinn, wenn du dabei nicht zur Ruhe kommst und dir einen Moment erschaffst, in dem die Zeit stillsteht. Kreiere einen Augenblick der Wertschätzung für das Leben.

Lausche in dich hinein. Was bewegt dich gerade? Wofür könntest du Hilfe gebrauchen? Sprich über das, was dich gerade antreibt. Was bereitet dir Freude? Was macht dich traurig? Wovor fürchtest du dich? Erzähle von deinen Sehnsüchten und Sorgen. Wer könnte ebenfalls Hilfe gebrauchen? Wer fällt dir als Erstes ein?

Bete für dich und bete für andere. Gib in deinem Gebet keine Lösung vor. Lasse der hinter allem stehenden Intelligenz die Freiheit, so zu helfen, wie es am besten passt. Beten bedeutet nicht wünschen! Du wirst merken, dass langsam Ruhe in dein Leben einkehrt. Diese Stille und die Gebete werden dich stark machen.

Intuitives Schreiben für den 2. Tag

Lies bitte nun deine Antwort auf die erste Frage.

Deine Frage für heute lautet:

Was ist derzeit meine zentrale Herausforderung in meinem Leben?

Schreibe einfach drauflos, lasse deine Hand sprechen. Denke dabei nicht nach, lasse es einfach fließen. Halte alle Gedanken und Ideen schriftlich fest!

Dein Leben als Lernaufgabe

Habe keine Angst vor dem Ende,
sei bereit, Abschied zu nehmen.

Das Leben ist nicht immer einfach. Manchmal will es einfach nicht so wie du. Es ist leicht zu sagen, dass alles, was dir in deinem Leben begegnet, deine aktuelle Lernaufgabe ist. Es gibt bestimmt zahlreiche Situationen, die dir als Lernaufgaben dann doch eine Nummer zu gewaltig erscheinen. Und dennoch entstehen alle Lernaufgaben in dir selbst. Sie kommen nicht aus dem Außen, sondern du kreierst sie. In deinem Körper und deinem Gehirn ist viel Wissen gespeichert. Vieles davon ist unbewusst. Dennoch arbeitet dein Gehirn damit. Gerätst du nun in eine beliebige Situation, vergleicht dein Gehirn diese sofort mit allem, was es in seinem inneren Speicher an Erinnerungen und Wissen gelagert hat. Irgendwo wird es fündig. Dein Speicher schickt dann zu der Situation auch sofort die passende Emotion mit. Diese Emotion resultiert aus dem bereits erwähnten Dilemma, aus deiner Bewertung und dem Vergleich zwischen Ist und Soll.

Es gibt den Istzustand, also das, was du wahrnimmst, und es gibt den Sollzustand, also das, was du als Wissen, als Ideal oder als Erfahrung gespeichert hast. Angenommen, dein Partner verlässt dich. Wenn du dich nicht sowieso von ihm trennen wolltest und du zuvor bereits einmal die Erfahrung einer schlimmen Trennung gemacht hast, so wird dein Körperbewusstsein dir melden, dass dies nun etwas sehr Trauriges ist. Du wirst leiden. Aber selbst wenn du dich noch nie getrennt hast, existiert eine Art »Soll-Bild« einer glücklichen Beziehung in deinem Kopf. Vielleicht trägst du aber auch in dir einen Glaubenssatz wie z.B. »Man trennt sich nicht«, weil in dir zum Beispiel das Ideal gespeichert ist, dass zu einem glücklichen Leben ein Partner gehört oder du in dir das Bild einer glücklichen Familie trägst. Trennung passt nicht zu diesem Bild der perfekten Liebe.

Das Gehirn stellt eine eindeutige Diskrepanz fest. Du bist allein, das Bild der glücklichen Familie ist erst mal unerreichbar. Die Lücke muss geschlossen werden, sagt dir dein Ego. Du brauchst einen neuen Partner – oder den alten zurück. Beachte, dies alles spielt sich ausschließlich in deinem Kopf ab! Es hat nichts mit der Realität im Hier und Jetzt zu tun. Diese Erkenntnis mag dir auf den ersten Blick nicht weiterhelfen, doch wer außer dir selbst hat die Macht, die Vorgänge in deinem Kopf zu beeinflussen? Und nun kommt etwas ganz Wichtiges! Die gerade angesprochene Lücke ist nur ein in den neuronalen Netzwerken deines Gehirns gespeichertes Bild. Sie ist nicht wirklich »real«. Auf dem einen Bild bist du mit Partner, auf dem anderen, dem deines aktuellen realen Lebens, stehst du nackt und allein da. Dein Problem ist ein Konstrukt deines Egos. Es nährt sich von solchen Gedanken, sie erhalten es am Leben. Die Lösung dafür heißt *Bewusstheit*, neudeutsch »Meta-Perspektive«. Wenn du lernst, auch in den schlimmsten Situationen den Überblick zu behalten und sozusagen einen

Schritt aus dir selbst zurückzutreten, wird Leiden relativ. Du siehst weiterhin, dass du leidest, zugleich spürst du aber auch, dass du viel mehr bist als der, der leidet.

Ritual – Auszeit

Betrachte einen Tag lang alles so, als würdest du es zum ersten Mal sehen. Lasse dich nur bitte nicht von deinem Ego dazu verleiten, dieses Ritual besonders gut machen zu wollen. Sehr schnell redet es dir ein, wie du dabei noch besser sein kannst. Du wirst den Unterschied spüren, zwischen einem absichtslosen Blick der Liebe und egogetriebenem Wollen.

Achte bei diesem Ritual besonders darauf, dass du genügend Zeit dafür hast. Alle Dinge, die du sonst automatisch machst, dauern von nun an viel länger. Wie schmeckt der Kaffee am Morgen? Was ist das für eine Tasse, aus der du trinkst? Es macht einen großen Unterschied, ob du die Tasse beim Zeitungslesen mehr oder weniger schnell hinunterkippst oder ob du sie mit Neugierde wie beim ersten Mal leerst.

Nimm einen Gegenstand in die Hand, mit dem du keine persönliche Geschichte verbindest. Betrachte ihn von allen Seiten, versuche dabei nicht, das, was du siehst, zu benennen. Schiebe alle Gedanken beiseite. Ihr seid einfach nur da – du und der

Gegenstand. Spüre nun auch in dich hinein. Achte auf Geräusche, die da sind, ohne dass du sie klassifizierst. Spürst du nach und nach die Stille hinter den Dingen? Hast du die Ruhe und den Frieden hinter den Formen[4] entdeckt?

Intuitives Schreiben für den 3. Tag

Deine Frage für heute lautet:

Was sind die drei wichtigsten Felder, in denen ich mein größtes Potenzial sehe?

---

4 Formen bezeichnet hier alles, mit dem wir uns gern identifizieren: unseren Körper, unsere Gedanken, unsere Emotionen, aber auch alles, was wir für Realität halten, also alles, was wir im Außen wahrnehmen und benennen.

Dein Weg mit der Kraft der Ahnen

Finde deine Ahnen in den Sternen des Himmels,
in den Blumen der Wiese,
in den Augen der Menschen.

Du bist ein Teil der Schöpfung. Du bist das Universum. In den Zellen deines Körpers ist alles Wissen der Welt seit ihrem Anbeginn gespeichert. Wenn du in den Spiegel schaust, siehst du zunächst dein Gesicht. Doch dahinter steckt deine ganze Geschichte, und diese ist wiederum die Folge der Geschichte deiner Ahnen. Blickst du anderen Menschen ins Gesicht, so entdeckst du auch dort – wenn du dir ein wenig Zeit nimmst – die Geschichte dieser Menschen und ihrer Ahnen.

Wenn du einmal an die Urknalltheorie denkst, ist wahrscheinlich alles, was jemals existiert hat, aus einem »Haufen« Nichts entstanden. In einer einzigen großen Explosion bildeten sich aus einem energetischen Samen die ersten Materieteilchen. Jeder Stein, jedes Sandkorn ist also aus dieser ersten Energiewolke entstanden. Und so ging es weiter. Erste organische Moleküle bildeten sich. Sie verbanden sich zu Ketten, bis eines Tages die ersten Zellen entstanden. Was oft übersehen wird, ist, dass diese ersten Zellen und alles, was vorher war, in gewisser Weise auch unsere Ahnen sind. Wenn jegliche Materie auf den Urknall zurückzuführen ist, so gilt dies auch für jede Zelle unseres Körpers. All das Wissen von 13,8 Milliarden Jahren ist heute in unseren Zellen gespeichert.

Gerade haben Forscher versucht, die DNA, also den biologischen Speicher der Zellen, als Speicher für ganz normale Daten zu nutzen. Sie waren erfolgreich. Eine Rede von Martin Luther King wurde in DNA umgewandelt und konnte später wieder ausgelesen werden. 100 Millionen Stunden hochauflösende Videodaten passen auf DNA in der Größe einer kleinen Tasse. Und neben der unglaublichen Platzersparnis sind die Daten Tausende von Jahren haltbar. Die DNA ist ein Wunderwerk der Natur. In den Zellen ist also das Wissen der Ahnen enthalten, alles, was die ersten Einzeller, Pflanzen, Tiere und Höhlenmenschen lernten und was den Menschen zu dem machte, was sich heute in jedem von uns ausdrückt.

Dabei hat jeder von uns seine speziellen Talente und Gaben, für die er dankbar sein sollte. Wer kann schon entscheiden, was davon besser oder schlechter ist? Natürlich ist dein Ego schnell und flüstert dir ein, dass das, was du hast, doch nicht alles sein kann. Es fragt: Warum haben die anderen mehr? Warum können die anderen mehr? Vielleicht ist es auch bescheidener und wendet nur vorsichtig ein, dass es gern ausreichend zum Leben hätte.

Doch solche und ähnliche Gedanken des Egos sind Formen, an denen du anhaftest. Solange du dich mit diesen Formen identifizierst, kannst du dich nicht vorbehaltlos lieben. Dein Ego steht zwischen dir und deinem Leben. Wie lange noch willst du dem Ego diese Macht geben? Du hast eine Aufgabe in deinem Leben: Du sollst dein Leben leben, es erfahren und dich selbst kennenlernen. Im besten Fall wirst du eines Tages ganz sein. Das ist dann zugleich auch der Moment deiner Heilung. Dieser Augenblick ist das Ende des Egos, denn dann hat es seine Wichtigkeit und Macht verloren.

Ritual – Ein Altar in deinem Herzen

Viele Bücher und Ratgeber empfehlen, zu Hause oder in der Natur einen Altar zu errichten. Baue dir doch einen Altar in deiner Vorstellung, sodass du ihn immer bei dir tragen kannst.

Male dir einen Platz in der Natur aus, an dem du diesen virtuellen Altar platzierst. Was gehört zu einem Altar? Eine Decke, eine Schale zum Räuchern und Kerzen sind die Basis. Ich würde noch Fotos der Ahnen darauf stellen. Deine Ahnen sind immer energetisch mit dir verbunden. Deine Gene sind ihre Gene. Vielleicht passt auch noch ein Blumenstrauß auf deinen Altar, oder du legst noch einige persönliche Dinge auf ihm nieder.

Dieser Altar ist für dich ein Ort der Ruhe, an dem du dich mit der Kraft deiner Ahnen verbinden kannst. Wenn du dies tust, kannst du zusätzlich leise eine kleine Melodie summen, die dich mit diesem Bild in deiner Vorstellung verbindet. Nun kannst du jederzeit die Augen schließen und deinen Altar besuchen.

Intuitives Schreiben für den 4. Tag

Deine Frage für heute lautet:

Was sind die drei Sehnsüchte oder Ziele, auf die ich auf meinem Weg mehr Aufmerksamkeit richten möchte?

Glücklich im Hier und Jetzt

Ganz im Augenblick zu sein,
das ist Glück.

Die Suche nach dem Glück ist eine Suche des Egos. Solange du suchst, wirst du nicht glücklich sein, denn diese Suche lässt nicht zu, dass du im Hier und Jetzt lebst. Du lebst dann in einer vorgestellten Zukunft. Im wahren Sein gibt es kein Glück und kein Unglück, aber es gibt einen inneren Frieden in dir. Stelle dir für eine Minute vor, dass du dich entschieden hättest, nicht mehr nach dem Glück zu suchen, sondern das, was ist, zu akzeptieren. Wäre das keine Erleichterung? Jeglicher Druck wäre verschwunden!

Und wann hast du die Stimme in deinem Kopf vernommen? Nach zehn Sekunden? Nach 30 Sekunden? Eine Stimme, die sagte: »Und wie soll ich …?« Irgendein Gedanke, der dir Angst machte, tauchte auf und schon stelltest du dir die Frage: »Und wie soll ich das in der Praxis umsetzen?« Du zweifeltest: »Das geht doch gar nicht. Ich werde verhungern, obdachlos, arm …« So schnell kann dich dein Ego aus dem Jetzt herausholen und in die Zukunft katapultieren – sein Lieblingsrevier. Denn dort beherrscht es dich.

Der Mensch ist Form. Das Sein aber ist formlos. Die Kunst ist es, die Verbindung von Form und Sein zu erkennen. Menschsein und Sein sind nicht voneinander getrennt, sondern miteinander verwoben. Sich im Sein zu befinden, ist reine Präsenz.

Vielleicht kennst du das Flow-Gefühl. In diesem Zustand tust du etwas, denkst aber dabei nicht mehr nach, sondern schwebst. Irgendwann ist dieses Gefühl, das auch eine Stunde andauern kann, vorüber, und du »wachst auf«.

Wenn du Taucher, Windsurfer oder Wellenreiter bist, hast du es sicher schon erlebt, dass deine Gedanken verschwanden und du dich nicht vor dem Wasser fürchtetest, sondern eins mit ihm wurdest. Du warst präsent und ohne Angst. Du schwebtest, flogst. Du erkanntest dich selbst in den Wellen, in der Brandung, im Wind, in der Sonne. Das Leben war Sonne, Wind und Wasser und der Surfer in der Welle – und du warst die Bewegung. Du warst in diesem Augenblick eins mit dem Leben. Aber du warst nicht der Surfer! Du surftest nicht die Welle, sondern die Welle surfte dich.

Alles ist eins – wie oft hast du diesen Satz schon gehört? Doch diese Aussage hat einen Nachteil: Sie kann nicht verstanden werden. Dein Ego heuchelt dir sofort vor: »Klar, klingt logisch!« Aber irgendwie ändert sich gar nichts. Gedanken sind Werkzeuge des Egos. Sie haben ihren Sinn, sie sind nichts Schlechtes. Doch zum Verständnis dessen, was du bist, sind sie untauglich. Alles ist eins, ist das Gesetz, dass hinter allen Dingen gilt.

Solange du an den Formen des Physischen anhaftest, so lange bewegst du dich jenseits dieser Erkenntnis. Dein Ego hat Spaß daran, dir vorzugaukeln, dass du eins bist mit dem Küchentisch, mit anderen Menschen, mit Pflanzen usw. Aber irgendwie gelingt es dir nicht, eine wirkliche Beziehung zu diesen aufzubauen –, natürlich nicht, alles ist eins, gilt nicht in diesem Sinne. Sobald du Dinge benennst, entfernst du dich von ihnen. Dinge werden erst zu Dingen im eigentlichen Sinne, wenn du ihnen Namen gibst. Aber nur in der unmittelbaren Begegnung mit ihnen findest du dich selbst.

Zeit ist ein Konstrukt des Egos. Es gibt nur den gegenwärtigen Augenblick. Alles, was vorher war, ist nur noch ein Gedanke, eine Erinnerung. Alles, was danach kommen wird, ist eine Prognose. Und in dem Moment, in dem die Zukunft eintritt, ist sie das Jetzt und nicht mehr die Zukunft. Dieses Jetzt ist jedoch nicht die Aneinanderreihung von einzelnen, zeitlich begrenzten Augenblicken. So etwas glaubt nur das Ego. In Wahrheit ist das Jetzt das Jetzt und damit ein einziger Augenblick ohne Vorher und Nachher. Eckhard Tolle bezeichnet das Ego »als gestörte Beziehung zum gegenwärtigen Augenblick«[5]. Wenn es dir nicht gelingt, eine Beziehung zum Jetzt aufzubauen, bist du in deinem Ego gefangen. Mache dir das Jetzt zum Freund. Liebe das, was gerade geschieht, ohne es zu beurteilen. Das Ego auflösen kannst du nur im Jetzt, indem du bewusst bist. Sobald du aber planst, bewusst zu werden, befindest du dich bereits in der Zukunft und damit voll und ganz im Egodenken. Mit Formulierungen wie »Ich werde ...«, beginnen Einflüsterungen deines Egos.

Du fragst dich jetzt möglicherweise: »Wo bin ich, wenn es mir gelingt, im Hier und Jetzt zu sein?« – Nun, du bist bei und in dir. Du bist das Tao, das Sein. Du bist Gott im

5 Eckhart Tolle: Eine neue Erde. Bewusstseinssprung anstelle von Selbstzerstörung. Arkana 2005, S. 212.

eigentlichen Sinne. Du bist das Leben. Du kommst mit einer anderen Dimension in Berührung. Das Hier und Jetzt geht weit über das hinaus, was du in einem bestimmten Moment mit deinen Sinnen wahrnimmst. Bis du die Wahrnehmungen deiner Sinne im Gehirn verarbeitet hast, ist dieses Hier und Jetzt bereits Vergangenheit. Es geht sogar noch darüber hinaus: Es ist die Interpretation deines Gehirns von der Vergangenheit.

Veränderung bedeutet, sich selbst zu erkennen. Du berührst dich selbst, indem du die Grenzen deines Egos auflöst. Und dann muss dein Ego ohnmächtig zuschauen, wie es mehr und mehr an Boden verliert, denn es kennt das Jetzt nicht. Es zehrt vom Konstrukt der Zeit, das Jetzt ist für dein Ego nur der Moment, der vor der viel wichtigeren Zukunft steht. In diese Zukunft will es dich mithilfe der Geschichten aus der Vergangenheit führen. Die Magie des Lebens besteht im Augenblick. Sie verschwindet für immer, wenn du sie festhalten möchtest. Sie ist der Raum des Formlosen. Dieser Raum lässt sich nicht beschreiben und nicht denken.

Ritual – Die vier Kammern des Herzens

In einigen indianischen Kulturen stehen die vier Kammern des Herzens für Fülle, Offenheit, Reinheit und Stärke. In diesem Ritual besuchst du die einzelnen Kammern und schaust ein wenig in dein Herz.

Suche einen ungestörten Platz, und schließe die Augen. Schenke deine Aufmerksamkeit deinem Atem.

Nun stelle dir vor, dass du das Blut in deinen Adern bist. Du hörst ein lautes Rauschen. Stoßweise wirst du durch den ganzen Körper gepumpt. Du schießt durch die Adern. Und nun erreichst du das Herz. Zuerst fließt du in die Kammer der Fülle. Was nimmst du wahr? Was fühlst du? Wie steht es um die Fülle in deinem Leben? Wenn Bilder oder gar Menschen und Szenen aus deinem Leben oder auch Fantasieszenen auftauchen, sprich die Personen oder die Gegenstände an. In deiner Fantasie ist alles möglich. Dort sprechen auch Bäume, Steine oder Wolken. Vielleicht denkst du spontan an einen Felsen – warum auch immer – und bittest ihn: »Fels, was kannst du mir zum Thema Fülle sagen?«

Nun gelangst du in die Kammer der Offenheit. Was nimmst du wahr? Was fühlst du? Bist du selbst offen? Lebst du Offenheit? Oder hindert dich etwas daran? Verweile darin, bis dein Gefühl – und nicht dein Verstand – dir sagt: »Weitergehen!«

Du fließt anschließend in die Kammer der Reinheit. Was nimmst du wahr? Was fühlst du? Ist dein Leben klar und rein? Bist du eindeutig und klar in deinem Verhalten?

Und nun fließt du in die Kammer der Stärke. Wie steht es um deine Stärke? Bist du mutig? Aufrichtig? Stehst du zu deinen Gedanken und Zielen? Was könntest du verbessern?

Nun hast du die vier Kammern des Herzen besucht. Was ist das Fazit deiner Reise? Lebst du aus und mit dem ganzen Herzen? Wo willst du dich weiterentwickeln? Was könnte ein erster Schritt dafür sein?

Notiere alles, was du erlebt, gesehen, wahrgenommen oder gefühlt hast, in deinem Tagebuch.

Intuitives Schreiben für den 5. Tag

Deine Frage für heute lautet:

**Wann und warum spüre ich,
dass mein Herz aufgeht?**

Stille — Der Raum in dir

In der Stille findest du die Antwort.

Buddha predigte einmal, indem er eine Blume hochhielt und kein Wort sprach. Nur ein einziger Mönch musste lächeln. Er hatte die Predigt verstanden. So entstand der Zen-Buddhismus.

Wenn du eine kleine Blume lange genug betrachtest, kann es geschehen, dass du einen anderen Bewusstseinszustand erreichst. Plötzlich bist du präsent und wach, und du bist in Verbindung mit dem Raum. Vielleicht fühlst du dich eins mit der Blume. Du hast dann die Flüchtigkeit der Form überwunden und bist in den Raum des Seins eingetreten. Dieser Raum ist immer da. Du findest ihn in dir und in der Stille zwischen deinen Gedanken. Eine Blume zu betrachten und gleichzeitig den Raum zu spüren, ist die Kunst der Bewusstheit. Du bist dir dann der Dinge, der Formen und zugleich des Raumes bewusst.

Konzentriere dich auf deinen Atem, atme einfach ganz entspannt ein und aus. Sage zu dir: »Ich bin.« Spürst du den Raum als Stille in dir und um dich herum? Dein Körper erweitert sich in dieses Feld hinein. Den Raum kannst du nicht suchen, nur finden. Atemzüge, die auf diese Weise getan werden, sind – werden sie bewusst und achtsam ausgeführt – mehr wert als 95 Prozent aller Angebote auf dem Markt der Spiritualität. Denn dann spürst du, dass du alles bist, du bist der Raum.

Ich höre schon dein Ego sagen: »Da lache ich mich ja schlapp. Das hört sich echt total wunderbar und philosophisch an, aber du glaubst den Quatsch doch nicht? Na, dann brauchen wir uns ja keine Sorgen mehr zu machen, lassen wir uns doch einfach mal fallen. Viel Spaß!« Nun, es ist deine Entscheidung, ob du dein Ego bestimmen lässt und ob du alles mit ihm ausdiskutieren möchtest.

Gerade hältst du dieses Buch in der Hand und konzentrierst dich darauf. Doch genau jetzt, da ich dir dies ins Bewusstsein rufe, wirst du wahrscheinlich unwillkürlich deine Aufmerksamkeit erweitern und nun auch auf die Dinge um dich herum richten. Und ganz mühelos kannst du nun den Raum erweitern auf die Stadt, das Land, die Erde, den Kosmos. Ganz ähnlich ergeht es dir, wenn du gegenwärtig bist. Der Raum wird dann unendlich groß, du entdeckst ihn in der Stille zwischen den Gedanken. Immer öfter ist er da, bis er zu einem festen Bestandteil deines Lebens geworden ist.

Wenn wir uns auf die Ebene der Atome begeben, können wir feststellen, dass diese zu 99,9 Prozent aus leerem Raum bestehen. Begeben wir uns noch eine Ebene tiefer auf die Quantenebene, erkennen wir keine Teilchen mehr, sondern stoßen auf vibrierende Energiefelder. Unter dieser Ebene finden wir den virtuellen Raum. Dies ist ein Raum, der nicht beschrieben werden kann, weil er zeit- und dimensionslos ist. Dieser aber ist die Quelle allen Seins, du bist im Hier und Jetzt. Hier fügt sich alles zu seinem Sinn zusammen. Synchronizitäten haben dort ihren Ursprung.[6] Aber eigentlich ist diese Ebene nicht zu beschreiben.

Ritual – Das Eis in deinem Herzen

Lassen wir das Eis in deinem Herzen schmelzen! Viele Menschen sind viel zu streng mit sich selbst. Es mangelt ihnen an Selbstliebe und Vertrauen. Aber auch gegenüber anderen sind wir Menschen oft hart und urteilen und bewerten vorschnell oder finden Macken und Schwächen, die uns wahnsinnig machen.

Dies alles sind Tricks des Egos. Es nährt sich daraus, dass du dir nicht genug bist. Es definiert sich aus den Schwächen der anderen. Und es liebt es, seine eigenen Macken auf andere zu projizieren, sie dort zu entdecken und zu verdammen.

Mit der folgenden Technik kannst du dein Ego besänftigen. Die Kraft deines inneren Feuers hilft dir dabei. Der grönländische Schamane Angaangaq hat mich dieses Ritual gelehrt. Du kannst dieses Feuer als Kerze oder sogar ganz einfach in deiner Vorstellung entfachen. Wenn du ausreichend Zeit hast oder dieses Ritual beispielsweise mit Freunden begehen möchtest, kannst du natürlich auch draußen ein richtiges Feuer entzünden. Überlege

41

6 Wenn du mehr über Synchronizitäten erfahren möchtest, interessiert dich vielleicht mein Buch: Synchronicity Healing. Ihre heilende Reise vom Ich zum Selbst. Schirner 2013.

nun, was dich an dir selbst stört. Dann meditiere einen Moment darüber, dass diese Aussagen nicht von dir stammen, sondern dieser Kritiker ist dein Ego, das sich wichtigmacht. Da dir wahrscheinlich immer wieder neue Fehler an dir auffallen, lohnt es sich, dieses Ritual regelmäßig zu begehen.

Die Fehler anderer Menschen, die Eigenschaften an ihnen, die dich so richtig aufregen, gehst du als Nächstes an. Vergiss dabei bitte nicht: Der Ärger ist nur in deinem Kopf. Dein Gehirn schüttet Stresshormone aus, und dein Körper reagiert mit typischen Symptomen. Dadurch machst du dich nach und nach selbst krank. Derjenige, über den du dich ärgerst, bemerkt deinen Ärger im Zweifelsfall nicht einmal.

Was stört dich so richtig an einem Menschen? Überlege, wo du dich selbst in dieser Eigenschaft, in dieser Schwäche wiederfindest. Wann bist du genauso? Oder wieso würdest du dir nie erlauben, selbst so zu sein? Spürst du dennoch eine kleine Sehnsucht, dich einmal genauso zu verhalten?

Suche nun die Körperstelle, in der du die negative Energie findest, die mit all diesen Gedanken verbunden ist, und reinige sie. Nimm die Energie mit beiden Händen liebevoll an dich. Bedenke, dass sie einen Sinn in deinem Leben hatte. Doch nun ist es an der Zeit, sich von ihr zu trennen.

Visualisiere eine Flamme (oder schaue in das reale Feuer vor dir), und überreiche die Energie diesem Feuer. Dann reinigt das Feuer die Energie, und es verbrennt die Kapsel, die dein Ego darum gebaut hat. Reine Energie kehrt nun ganz von allein zu dir zurück und steht dir zur Verfügung.

Bedanke dich bei dem Element Feuer für seine Hilfe. Du kannst beispielsweise eine kleine Kerze der Dankbarkeit in der nächsten Kirche oder auch bei dir zu Hause anzünden. Diese Bezeugung deiner Dankbarkeit ist wichtig. Sei dabei nie nachlässig. Dies würde die Kraft des Rituals zerstören.

Natürlich eignet sich diese Methode auch für verschiedene andere Themen aus dem Bereich Loslassen.

Intuitives Schreiben für den 6. Tag

Deine Frage für heute lautet:

**Welche Impulse, Tendenzen,
Ideen nehme ich jetzt gerade wahr?**

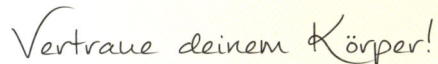

Vertraue deinem Körper!

Dein Körper ist der Tempel deiner Seele.

Wie sehr identifizierst du dich mit deinem Körper? Ist er stark, kräftig und durchtrainiert? Oder distanzierst du dich eher von ihm, weil er weich, schwabbelig und viel zu dick ist? Das Selbstwertgefühl eines Menschen hängt stark davon ab, was er über seinen Körper denkt. Und auch die Menschen, die sehr zufrieden sind, weil ihr Körper wohlgeformt ist und sie sich gern mit ihm identifizieren, werden eines Tages bemerken, dass ihr Körper abbaut. Aus dem durchtrainierten Sportler wird ein hagerer, knochiger, alter Mensch, oder er wird dick und die Luft bleibt ihm weg beim Treppensteigen. Jeder Körper ist vergänglich. Genau wie Gedanken und Emotionen wird er nicht ewig bestehen, eines Tages wird er zu Staub zerfallen. Wie eine Blume wird auch dein Körper verwelken und vergehen. Alles, womit du dich auf dieser Erde identifizierst, ist letztlich vergänglich. Viele Dinge werden dich überleben und dennoch eines Tages vergehen. Unsere Welt erscheint uns relativ statisch. Aber im Zeitraffer betrachtet ist sie alles andere als das. Das Stück Erdkruste, das wir heute Deutschland nennen, zog Millionen Jahre lang über den Globus und veränderte sich fortlaufend.

Der Körper von Mutter Erde ist nicht weniger vergänglich als deiner – nur in ganz anderen Dimensionen. Solange du dich mit den vergänglichen Aspekten deines Seins identifizierst, sind Probleme vorprogrammiert. Wenn dein Körper die Basis deines Seins ist, geht es stets um das nackte Überleben. Der Körper ist vergänglich, und wenn du unbewusst lebst, wird der Tod für dich immer eine Bedrohung sein. Bist du aber bewusst, kannst du hinter der Identifikation mit deinem Körper eine weitere Dimension erkennen.

Unterbrich das Lesen nun für ein paar Minuten und meditiere zu dem Begriff *mein Leben*.

Wie war das für dich? Was ist »mein Leben« überhaupt? *Mein Leben* suggeriert, dass dies etwas ist, was man verlieren kann, weil man es besitzt. *Mein Leben* ist jedoch nur eine Gedankenform, eine Hilfskonstruktion des Egos, die nichts mit der Wirklichkeit zu tun hat. Es ist unmöglich, vom Leben getrennt zu sein. Du bist das Leben. Alles ist Leben.

Wie ist es, wenn du krank bist? Wenn dein Körper erkrankt ist, neigst du dann dazu zu sagen: »Ich bin krank«? Nun identifizierst du dich nicht nur mit deinem Körper, sondern auch noch mit der Krankheit. Insbesondere bei chronischen Krankheiten wird die Geschichte der Krankheit immer mehr zur eigenen Geschichte. Wie schwer ist es aber auch, sich nicht mit einem jahrelangen Leidensweg zu identifizieren, der womöglich mit ständigen Schmerzen verbunden ist! Dies dürfte die Königsdisziplin sein.

Sobald du als Kranker sagst, dass du dich nun nicht mehr mit der Krankheit identifizieren willst, spricht dein Ego. Etwas nicht mehr tun zu wollen, funktioniert nicht. Die

Lösung besteht ganz im Gegenteil darin, diesen Mechanismus zu erkennen und gegenwärtig zu sein. Und dann spürst du plötzlich, dass du nicht die Krankheit bist. Du bist einfach. Du bist nicht krank, gesund, groß oder klein. Du bist.

Selbstverständlich bedeutet dies alles nicht, dass du deinen eigenen Körper ignorieren sollst. Pflege, trainiere und versorge ihn. Dein Körper ist der Tempel deiner Seele. Du darfst dich an ihm erfreuen. Vergiss dabei nur nicht, dass du nicht dein Körper bist.

Eine wunderbare Übung, den Körper wirklich zu spüren, ist eine Atemmeditation. Erspüre die einzelnen Körperteile nach einer bestimmten Reihenfolge. Beginne mit deinen Händen oder deinen Füßen, und spüre jeweils in sie hinein. Überlege nicht, ob du etwas fühlst, sondern sei einfach in Kontakt mit der entsprechenden Körperstelle. Vielleicht spürst du eine Lebendigkeit in dir. Richte deine Aufmerksamkeit von einem Körperteil zum nächsten, und atme dabei jeweils sechs bis zehn Mal in aller Ruhe ein und aus.

Erzählen Menschen ihre Lebensgeschichte, sehen sie sich dabei häufig selbst als Opfer der Mitmenschen oder der äußeren Umstände. Das Ego jammert gern über die bösen anderen. Es liebt die Opferrolle, denn diese sichert ihm seine Existenz. Natürlich ist manchen Menschen wirklich Schlimmes im Leben widerfahren. Das möchte ich gar nicht verharmlosen. Aber wenn sich diese Menschen jahrzehntelang mit ihrer tragischen Geschichte identifizieren, wird ihr Leben dadurch nicht besser, sondern schlechter. Das Hier und Jetzt dieser Menschen kann noch so gut sein, sie hängen in ihrer alten Geschichte fest. Ihr ganzes Leben betrachten sie durch den Filter ihrer damaligen Erfahrungen. Das Ego hat keinerlei Interesse daran, dass dies aufhört.

Steckst du selbst in solch einer Situation fest, ist es wichtig, dieses Schema zu durchbrechen. Wenn du es schaffst, dir nicht mehr ständig deine Geschichte zu erzählen, sondern das Gefühl in deinem Körper zu spüren und es zuzulassen, kannst du hinter dein Unglücklichsein schauen. Deine Emotion füllt dann nicht mehr alles aus, sondern sie kommt in einen Raum, den Raum der Gegenwärtigkeit. Vor dem Loslassen steht das Annehmen.

Ritual – Sprich mit deinem Herzen

Lasse uns ganz einfach ein Gespräch mit deinem Körper beginnen. Es wird dir anschließend leichtfallen, dieses Ritual abzuwandeln oder zu erweitern.

Beginne zunächst damit, dass du dir wie immer eine angenehme Ausgangssituation schaffst. Du kannst nichts falsch machen. Möglicherweise musst du ein wenig üben, weil du es nicht gewohnt bist, auf deinen Körper zu hören. Solltest du deutliches Über- oder Untergewicht haben, zu viel rauchen oder trinken oder in anderer Art und Weise mit deinem Körper im Unreinen sein, hast du bereits vor längerer Zeit die Synapsen deines Gehirns, die die Verbindung zum Körper bilden, stumm geschaltet.

Denn sonst würdest du nicht zu viel wiegen, zu viel essen oder trinken usw. Ein solches Missverhältnis zum Körper ist nur möglich, weil du den Kontakt zu deiner Körperwahrnehmung verloren hast. Auch Rückenbeschwerden und die üblichen Stresssymptome gehören dazu. Deine Synapsen müssen sich wieder neu »verdrahten«. Dafür brauchen Gehirn und Körper Zeit.

Schenke deine Aufmerksamkeit nun deinem Herzen. Lausche, wie es schlägt. Vielleicht möchtest du eine Hand auf dein Herz legen, sodass du den Herzschlag besser wahrnehmen kannst. Dein Herz wird auf verschiedene Arten mit dir sprechen. Es kann seinen Rhythmus verändern, es kann stärker oder schwächer schlagen. Manchmal stolpert es oder macht sogar eine kurze Pause.

Wenn du eine Trommel hast, kannst du den Rhythmus deines Herzens auf der Trommel schlagen. Lasse aber nicht die Trommel, sondern dein Herz den Takt vorgeben. Achte auf das, was sich entwickelt. Du kannst natürlich auch einfach auf dem Tisch oder einer Kiste trommeln. Stelle dir dabei vor, dass bei jedem Schlag dein warmes rotes Blut durch die vier Kammern deines Herzens und weiter durch den ganzen Körper gepumpt wird.

Lies bitte als Erstes deine Antwort auf die letzte Frage.
Deine Frage für heute lautet:

Welche Einwände/Glaubenssätze nehme ich in Bezug auf meine Antworten zur letzten Frage parallel wahr? Was hält mich davon ab, diesen Impulsen nachzugeben?

Deine Geschichte

Es ist nicht gut, zu lange an Gedanken,
Emotionen und Dingen anzuhaften.

Zu Anfang des Buches habe ich dir die Frage gestellt: »Wer bist du in diesem Moment?« Sicherlich hast du eine Menge Antworten darauf gefunden. Du bist nicht dein Ego, und du bist nicht die Geschichte, die es dir über dich erzählen will. Alles, was du über dich weißt, bist du nicht. Wer oder was soll ich denn sonst sein, fragst du nun möglicherweise. Ich kann es dir nicht sagen, es ist deine Aufgabe, dies herauszufinden. Alles, was du über dich weißt, sind nur Gedanken(formen). Sie haben nichts mit deinem wahren Sein zu tun. Du kannst dich nur erkennen, wenn du aufhörst, dich mit diesen Gedanken und Inhalten gleichzusetzen. Alle deine Erfahrungen, über die du dich letztendlich definierst, sind nur Teile deiner Vorstellung davon, wer du bist. Du bist weder derjenige, der verlassen wurde, noch derjenige, der verlassen hat. Du bist weder der Glückliche noch der Unglückliche. Du bist das Bewusstsein, durch das sich der Kosmos in kleinen und großen Dingen erfährt.

Wenn du erkennst, was wirklich vorgeht, entsteht in dir ein neues Bewusstsein. Du bringst Licht ins Dunkel und erreichst schließlich eine höhere Aufmerksamkeitsstufe. Du erwachst. Ein Gefühl der Liebe und der Einheit durchzieht dein Leben. Weisheit, Kreativität und Intuition werden zu deinen Führern.

Aber auch in diesem Zustand verschwindet das Ego noch nicht. Es lässt sich nicht ausmerzen, töten oder verbannen. Jedoch erkennst du dann, dass du viel mehr bist und identifizierst dich nicht mehr mit ihm. Früher oder später wird dein Ego an sich selbst zugrunde gehen. Je größer und stärker es ist, desto größer wird dein Leiden, aber desto gewaltiger wird auch der Zusammenbruch deines Egos sein. Dein Ziel sollte es sein, dein eigenes Denken zu transzendieren. Es handelt sich dann nicht mehr um Denken, sondern um Sein, um reines Spüren. Diese Dimension ist viel mehr als Denken, sie ist der nächste Schritt in der spirituellen Entwicklung der Menschen. Du erkennst plötzlich, dass du nicht der Denker bist und dass du dich nicht von seinen Gedanken schikanieren und beeinflussen lassen musst. Du bist nicht die Stimme in deinem Kopf, sondern du bist derjenige, der diese Stimme erkennt.

In jedem deiner Atemzüge liegt die ganze Wahrheit, also viel mehr als in jedem Gedanken. Atme tief und ruhig ein und aus, und du spürst es selbst. Der Atem ist ohne Form, er existiert nur im Hier und Jetzt. Er verbindet dich mit deinem Körperbewusstsein.

Ritual – Es war einmal ...

Es war einmal ein kleines Mädchen (oder ein kleiner Junge) ... – so beginnt deine Geschichte. Erzähle dir doch mal nach und nach deine ganze Geschichte, und mache dir zwischendurch zu wichtigen Momenten und Wendepunkten Notizen. Erzähle dir die Begebenheiten leise, und beobachte dich dabei. Was fühlst du? Was geht in deinem Körper vor sich? Wähle nicht nur die Katastrophen deines Lebens – auch wenn diese den meisten Menschen am schnellsten einfallen. Betrachte auch die freudigen, lustigen, romantischen und glücklichen Momente. Suche die besonderen Augenblicke mit deinen Eltern, Kindern, Lehrern und alten Freunden. Du merkst wahrscheinlich schon, dieses kleine Ritual wird eine längere Übung. Was hast du aus diesen Momenten gelernt? Trägst du noch jemandem etwas nach? Was brauchst du, um demjenigen verzeihen zu können?

Beschäftige dich so lange mit den kritischen Momenten deines Lebens, bis du spürst, dass du mit allem im Reinen bist. Beobachte dich, deine Gedanken und deine Emotionen dabei, aber bedenke, dass dies deine Geschichte ist – das bist nicht du.

Deine Frage für heute lautet:

Angenommen, ich würde mir erlauben, nur einem der guten Impulse zu folgen, wer wäre ich dann?

Energie folgt der Aufmerksamkeit

Du fragst dich,
was die Suche soll,
wenn es nur das Nichts zu entdecken gibt.

» Makia = Energie folgt der Aufmerksamkeit«, heißt es in der Huna-Philosophie. Wir neigen dazu, den Dingen unsere Aufmerksamkeit zu schenken, die uns stören. Das störende Verhalten eines Menschen kann so viel deiner Energie binden, das du dieses gar nicht mehr aus dem Kopf bekommst. Aufgrund der Herausforderung des täglichen Überlebenskampfes sind wir seit Tausenden von Jahren darauf geeicht, Gefahren blitzschnell erkennen zu können. Heute ist aus dem Überlebensinstinkt dank mangelnder Beschäftigung ein problem- und defizitorientiertes Denken geworden.

Bei Dingen, über die wir uns heute ärgern, handelt es sich nicht um lebensgefährdende Elemente, sondern in den meisten Fällen um weniger Wichtiges. Statt uns über das weiche Bett und die wärmende Decke zu freuen, jammern wir über die Erbse unter der Matratze. Je mehr du deine Aufmerksamkeit auf etwas richtest, das dich stört, desto mehr gewinnt dieses an Energie. Es wächst und wächst, und irgendwann kannst du nicht mehr daran vorbeischauen.

Nehmen wir einmal an, dass dein Arbeitsplatz bedroht ist. Das bedeutet Stress für dich. Der Mensch reagiert auf Stress – genauso wie Tiere – instinktiv mit Angriff, Flucht oder Verharren. Angriff ist in diesem Beispiel nicht die beste Option, aber die Angst vor dem Unbekannten hält dich von der Flucht ab. Wer weiß schon, was passieren würde, wenn du – um beim Beispiel zu bleiben – nach einer für beide Seiten sinnvollen Trennungsmöglichkeit suchen würdest. Und schon geht das Kopfkino los. Woher weißt du, ob du einen neuen Job findest? Wer soll die Ratenkredite bedienen? Usw. Also wählst du die dritte Variante, und verhältst dich wie ein Kaninchen, das vor einer Schlange erstarrt. In deinem Fall bewegt sich die »Schlange« aber möglicherweise über Monate hinweg gar nicht. Du bist völlig fixiert auf dein Problem, aber dadurch bist du immer weniger in der Lage, eine Lösung dafür zu entwickeln. Und deine Arbeitsleistung sinkt, weil du den Kopf nicht frei hast. Ein Teufelskreislauf! Der Lösungsfindung dient das nicht!

Man könnte auch ein Beispiel aus den Bereichen Beziehung/Partnerschaft oder Finanzen wählen. Der Mechanismus wäre derselbe. Unter dieser Art von Stress ist der Mensch nicht zu kreativen Leistungen fähig. Er verfällt in alte Muster, er rennt immer wieder gegen dieselbe Mauer an und resigniert schließlich.

Nun stelle dir vor, dass du nach dem ersten Schrecken, proaktiv eine Lösungsfindung angehst. Du hast das Problem erkannt und analysierst deine Optionen. Egal, ob du kündigst oder versuchst, deinen Job zu behalten, indem du dein Bestes gibst – du bleibst handlungsfähig und kreativ. Was denkst du, wer hat die besten Aussichten, aus der Situation gestärkt herauszukommen?

Bitte, missverstehe mich nicht. Ich plädiere hier nicht für Wegschauen oder positives Wunschdenken. Ich kenne wenige – eigentlich gar keine – Menschen, die beispielsweise durch Bestellungen beim Universum reich geworden sind. Ich kenne aber viele, die sich aus schwierigen Situationen aktiv herausgearbeitet haben und daran gewachsen sind. Ein Problem zu lösen, bedeutet nicht, sich tagelang mit dem Problem zu beschäftigen, sondern mit den Lösungsmöglichkeiten. Wo kannst du etwas tun? Welche Optionen hast du? Was willst du?

Ritual – Glücksmomente zählen

Bei diesem Ritual registrierst du bitte einfach mal all die kleinen Glücksmomente in deinem Alltag. Stecke dir morgens nach dem Aufstehen eine Handvoll getrocknete Erbsen (oder andere kleine Gegenstände) in eine Hosentasche. Jedes Mal, wenn du einen glücklichen Augenblick erlebst, nimmst du eine Erbse und steckst sie in die Hosentasche auf der anderen Seite. Solche Erlebnisse können schöne Gespräche, Komplimente oder ein persönlicher Erfolg u. v. m. sein. Aber auch die Frühlingssonne, die deine Haut wärmt, der prächtige alte Baum, unter dem du sitzt, oder das Wissen um die Liebsten gehört dazu.

Die Kunst bei diesem Ritual ist es, diese Momente überhaupt wahrzunehmen. Notwendig dazu ist eine bewusste Achtsamkeit, die Raum und Zeit lässt, um Dinge zu registrieren und ihnen die notwendige Aufmerksamkeit zu schenken. Auf diese Weise lernst du, deine Aufmerksamkeit auf das Gute zu richten und bewusst zu sein. Du wirst nach und nach in deine Kraft kommen, weil du plötzlich erkennst, wie viele gute Aspekte es in deinem Leben gibt.

Intuitives Schreiben für den 9. Tag

Deine Frage für heute lautet:

Wofür soll man sich an mich erinnern, wenn ich von meinem Lebensende zurück auf den heutigen Tag blicke?

Die Fülle — Quelle des Lebens

In der Berührung der Zeit entsteht die Sehnsucht,
so entsteht die Gedankenform,
die dich von der Stille trennt.

Das Ego entsteht aus der Verwechslung von Formen mit dem absoluten Sein. Es beruht auf deiner Identifikation mit Formen, also mit Gedanken, Gefühlen und physischen Gestalten. Wenn du diese Formen bist, dann bist du getrennt von allem anderen. Du kannst dann nicht mehr mit ihm verbunden sein. Dein Ego hat dir seine Illusionen aufgedrückt. Man kann allerdings auch nicht sagen, dass das Ego schlecht ist. Es ist eben nur nicht bewusst.

Du bist jeder Mensch, du bist jede Pflanze, jeder Baum, jede Blume. Ja, du bist auch jeder Wassertropfen, jeder Kiesel, jede Wolke am Himmel. Du bist alles, und alles ist du. Ich meine dies nicht in einem übertragenen Sinn, sondern es ist genau so, wie ich es sage. Ich meine nicht, dass alles zusammengenommen ein großer Organismus ist, von dem wir Menschen ein Teil sind wie eine Zelle im Körper. Nein, ich meine, dass wir wirklich alles sind, alles ohne Ausnahme.

Während sich der menschliche Verstand weiter und weiter entwickelt hat, begann er irgendwann, Spaß an sich selbst zu haben. Er identifizierte sich mit seinen Gedanken, sodass wir heute geradezu besessen von ihm sind. Der Verstand hat in seiner Aufgabe, als Kommandozentrale der Psyche verschiedenste Dinge zu koordinieren, völlig übertrieben. Er ist über sein Ziel hinausgeschossen. Das Ego ist als Prinzip der Selbstorganisation des Körpers notwendig – mehr aber auch nicht.

Selbstverständlich haben Denken und Fühlen einen Sinn – was für Roboter wären wir auch sonst? Aber wenn wir uns mit unserem Denken und Fühlen identifizieren, wenn wir dies zur Grundlage unseres Lebens machen, wird es zum Problem.

Dein Ego basiert auf Trennung und Identifikation. Du identifizierst dich mit Dingen und kannst dann aber logischerweise nicht mehr eins mit dem Kosmos sein. Dein Ego will etwas Besonderes sein, es will einzigartig sein. Deine Gedanken und Emotionen – mögen sie auch noch so stark sein – lösen sich jedoch immer wieder auf. Wie Seifenblasen zerplatzen sie. Das Bild, das du in diesen Seifenblasen siehst, ist dein Ego. Identifizierst du dich nun mit deinem Spiegelbild in den Blasen, so droht dein Ich, mit jeder zerplatzten Blase zu verschwinden. Also müssen immer neue Blasen erzeugt werden – am besten mehr und größere als zuvor. So entsteht schließlich in dir Angst. Du fragst dich: Was wird sein, wenn es vorbei ist? Was passiert, wenn die Seifenlauge verbraucht ist?

Deine Seele ist unendlich. Wie viel Leiden willst du in der Unendlichkeit zulassen? Wie viele Seifenblasen müssen platzen, bis du erkennst, dass es sinnlos ist, sich mit Gedanken und Emotionen zu identifizieren? Alles, was du im Außen und in deinen Gedanken und Emotionen erlebst, ist vergänglich.

Das Gesetz der Fülle besagt, dass du nur bei dir selbst Fülle finden kannst und nie im Außen. Richte deine Aufmerksamkeit auf das, was du bereits an Gutem in deinem Leben hast. Selbst in der schlimmsten Situation kannst du immer auch etwas Gutes finden – und wenn es dein Atem ist, der ein- und ausströmt und dich leben lässt. Dies bedeutet nicht, dass du das Schlechte und den Mangel verdrängen sollst, aber du musst diese auch nicht stärken, indem du ununterbrochen daran denkst. Schenke ihnen einfach nicht deine Energie, denn so fütterst du sie nur.

Jedes Mal, wenn du dich bei negativen Gedanken erwischst, erkennst du dein Ego. Auch wenn du in deinem Körper irgendwo eine Anspannung spürst, ist dein Ego am Werk. Jede Anspannung beruht auf negativen Gedanken und auf Glaubenssätzen. Wer frei davon ist, kann in seinem Körper nirgendwo eine Anspannung finden. Sobald du dir dessen bewusst bist, wird dein Ego durchlässiger und nachgiebiger. Achte darauf, dass du dir – besser gesagt, dein Ego sich selbst – nicht erklärst, warum es in Ordnung ist, unglücklich zu sein.

Ein Weg, Fülle in dein Leben zu holen, ist der, genau das, was dir das Leben bisher vermeintlich verweigert hat, in die Welt zu bringen. Wenn du keine Freude empfindest, dann schenke anderen Menschen Freude. Das, was du gibst, wird zu dir kommen. Der wahre Reichtum entsteht in dir, du bist die Quelle der Fülle – oder des Mangels. Es liegt an dir, wie du dich entscheidest. Wenn du dich für die Fülle entscheidest, wirst du Teil einer höheren Ordnung, einer Harmonie des Lebens. Natürlich wirst du nicht erst dann ein Teil davon, du bist es bereits jetzt – aber du bemerkst dies eben nicht. Wenn du dies aber erkennst, besteht das Leben plötzlich nicht mehr aus Chaos, Komplexität, Katastrophen und Ängsten, sondern aus einer alles überragenden Eleganz – der höheren Ordnung. Du hast dann das Göttliche in dir entdeckt. Es fällt dir plötzlich leicht, Dinge anzunehmen. Du akzeptierst das, was ist. Es existiert gar nichts mehr, über das du dich ärgern könntest.

Du fragst jetzt vielleicht, was geschieht, wenn dies nicht passiert. Wenn du alles auf eine Karte setzt, einfach das Leben der Fülle wählst – und scheiterst. Wer aber fragt das? – Genau, dein Ego! Solange du ihm Mitspracherecht gewährst, beweist es dir, das du zu Recht zweifelst. Erst wenn du in der Bewusstheit lebst, kann die Fülle in dir hervorkommen. Dies muss nicht Jahre dauern, sondern kann von einem Augenblick zum nächsten geschehen. Berechenbar ist dieses Ereignis allerdings nicht. Eines Tages kommt einfach der Zeitpunkt, zu dem du dich entscheidest, dein Leiden zu beenden. Du wirst Rückfälle haben, dein Ego verschwindet nicht plötzlich. Es wird unbewusste Momente geben, in denen du dich fragst, was du eigentlich machst. Doch diese Momente werden zunehmend weniger. Die Zeiten der Fülle hingegen nehmen dann zu und lassen dich eine ganz neue Welt erleben.

Ritual – Die Liebe teilen

Was du aussendest, wirst du erhalten. Deine reine Absicht entscheidet darüber, wie deine Zukunft aussehen wird.

Dieses Ritual ist sehr einfach, und du kennst es vielleicht schon. Stelle dich ganz normal hin, am besten vor ein geöffnetes Fenster in die Sonne. Schließe die Augen, lege die rechte Hand auf den Kopf und die linke Hand auf den Bauch oberhalb des Bauchnabels. Lasse den Bauch absolut locker, spanne ihn nicht an!

Für alle die, die tagtäglich mit einem zu engen Gürtel oder mit eingezogenem Bauch oder ähnlichen Haltungen durch die Welt gehen, sei gesagt, dass der erste Schritt ins Glück der sein könnte, den Bauch zu entspannen oder den Gürtel zu weiten und den Körper zu befreien.

Fühle doch gerade mal in deinen Bauch hinein. Ist er locker oder irgendwie angespannt? Stehe dazu, dass du einen Bauch hast, lasse ihn hervorstehen, zeige ihn. Oder nimm ab. Aber lasse locker!

Nun atmest du ein und richtest deine Aufmerksamkeit auf deinen Scheitel. Lächle! Stelle dir vor, dass du reine Energie einatmest.

Beim Ausatmen konzentrierst du dich auf deinen Bauch und atmest Liebe und Mitgefühl für die ganze Welt aus. Vergiss dabei das Lächeln nicht!

Wenn du dich dabei nicht kraftvoll und authentisch fühlst, stelle dir erst einmal vor, dass Liebe und Mitgefühl beim Einatmen als warme Energiewolke in

deinem Körper heranwachsen. Bald hast du mehr
als genug davon. Dann beginne zu teilen!
Das, was du in die Welt schickst, kommt zu dir zurück.

Intuitives Schreiben für den 10. Tag

Deine Frage für heute lautet:

**Aus der Zukunft her zurückgeschaut:
Welchen Rat würde mein zukünftiges
Selbst meinem heutigen Selbst geben?**

Kampf dem Ego – Bewusstheit

Lasse den Moment darüber entscheiden,
was richtig für dich ist!

Oft hört man, dass es im Leben darum geht, das Ego zu besiegen. Kampf dem Ego! Irgendwann wirst du das Ego vernichtet haben. Sätze wie diese wurden vom Ego erfunden. Sie garantieren sein Überleben. Wenn du mit deinem Ego kämpfst, existiert es. Wenn du etwas bekämpfst und ihm deine Aufmerksamkeit und deine Energie schenkst, machst du es größer und stärker. Aus diesem Grund haben »Anti-Bewegungen« auch weniger Kraft als Initiativen, die für etwas kämpfen. Gegen etwas sein, ermüdet, sich für eine Lösung einsetzen, gibt Kraft.

Der Kampf gegen das Ego ging teilweise so weit, dass Menschen sich geißelten, sich auspeitschen ließen oder ähnliche verrückte Dinge machten. Heute kämpfen wir anders: »Wir sind spirituell!« Wir geben unser Bestes, um das Ego zu überwinden. Ein Workshop jagt den nächsten – das Thema spielt dabei kaum noch eine Rolle, solange es ein wenig Erkenntnis verspricht. Doch wer kämpft da eigentlich gegen wen? Du ahnst es vielleicht, das Ego kämpft gegen sich selbst. Es führt Scheingefechte. Indem du aber versuchst, das Ego auszulöschen, bringst du es in die Realität.

Hin und wieder treffe ich auf Esoterikmessen und auch in meinen Workshops auf Menschen, die jeden – und insbesondere sich selbst – zu guten Menschen machen möchten. Sie denken – in bester Absicht –, dass ihr Ego am ehesten verschwindet, wenn sie gut sind, gut denken, Gutes tun. Diese Einstellung ist jedoch reines Kunstturnen des Egos. Wenn du ein guter Mensch sein willst, so ist dies der Wunsch des Egos. Es grenzt sich ab von der Einheit, es erhöht sich. Alles, mit dem du dich identifizierst, ist deinem Ego zugehörig. Du unterscheidest dich dadurch vermeintlich von deinen unbewussteren, unreflektierten Mitmenschen – allerdings nur, weil dein Ego dir eben eine Geschichte vorgaukelt. Dein Ego »erzählt« dir, dass es weiß, wie du Spiritualität zu leben hast. Es beschäftigt dich damit, vermeintlich spirituell zu sein, dabei ist es nur eine neue Rolle, die du spielst. »Des Kaisers neue Kleider« in neuem Gewand! Du musst nichts Besonders werden oder tun! Es genügt, wenn du bewusst bist. Mag sein, dass du dann auch ein guter Mensch wirst. Doch nur in dieser Reihenfolge wird dir dies gelingen.

Sobald du erkennst, dass dein Ego eine Illusion ist, verschwindet es. Es kann nur existieren, solange du es für real hältst. Sobald du aber erkennst, dass du nicht deine Gedanken bist, löst sich dein Ego auf. Das Bewusstsein, das realisiert, dass es nicht der Denker ist, ist dein wahres Sein. Dieses Erkennen ist nicht mehr Denken. Bewusstheit ist das Ende des Egos. Beide schließen sich gegenseitig aus. Bewusstheit bedeutet Präsenz im Augenblick, denn das Sein im Augenblick, im Jetzt, ist der Tod des Egos. In der Bewusstheit erfährst du, dass du nicht dein Ego bist. Dies alles geschieht nicht auf der Ebene des Denkens, daher ist es nicht möglich zu beschreiben, was stattdessen da ist. Es ist das Nichts, was nicht nichts ist. Es ist das Sein, das du hinter den Dingen spürst.

Wenn du bewusst und gegenwärtig bist, existieren deine üblichen Rollen nicht mehr. Alle Rollen, die du tagtäglich spielst, wurden vom Ego geschaffen. Was aber bleibt übrig, wenn du all diese Rollen ablegst? – Du kannst dann immer genau das tun, was gerade für dich stimmig ist. Du machst Dinge, weil sie richtig sind, nicht weil sie deiner Rolle entsprechen. Du lebst aus deinem reinen Bewusstsein heraus. So kannst du die Welt verändern.

Dazu gehört Mut. Doch wenn du die Angst überwindest, wirst du in deine Kraft kommen, weil du du bist. Keine Verkleidung behindert dich mehr, du darfst dann einfach sein. Du verschwendest keine Energie mehr für die Spielchen des Lebens. Doch Vorsicht: Die Absicht, diese erreichen zu wollen, wird zum Scheitern der Bewusstheit führen. Sofort übernimmt das Ego das Kommando und flüstert: »Wir schaffen das schon, lasse mich nur machen!« Du kannst aktiv nichts dafür tun, du darfst nichts tun. Nur im Nichtstun bist du du selbst. Sonst spielst du nur wieder eine Rolle, nämlich die des auf der Suche Befindlichen, des spontanen, rollenlosen Menschen. Weiterhin darfst du nicht benennen, wer dieses Du ist. Bedenke, Worte sind Formen, und was du benennst, wird zur Form.

Ritual –

Der heilige Gral in deinen Händen

Dieses Ritual dient dazu, dich mit der Welt zu verbinden. Du wirst erfahren, wie dein Atem die Welt belebt.

Halte deine Hände so, dass sie eine Schale bilden. Stelle dir vor, dass deine Hände den heiligen Gral formen. Der Gral ist ein wundertätiges und heilendes Gefäß, das ewige Lebenskraft spendet. Typisch für ihn ist, dass der heilige Gral trotz seiner Kraft umgeben von Siechtum ist.

Wenn du nun in deine Hände bläst und sie dabei langsam öffnest, gehen der Hauch deines Atems sowie die Heilkraft des Grals hinaus in die Welt. Vielleicht denkst du dabei auch an etwas, was du gern für die Welt tun würdest.

Intuitives Schreiben für den 11. Tag

Deine Frage für heute lautet:

Was sind die Kernelemente meiner erwünschten Zukunft? In persönlicher, beruflicher und sozialer Hinsicht?

Vertrauen

Du bist der Raum, du bist die Stille.
Du bist der Frieden, du bist das Licht.
Und zugleich bist du all dieses nicht.

Die Überwindung einer Krise kann schwer sein. Sie kann lange dauern. Oft denkst du, dass du es nicht schaffst. Wer aber ist dieses Du, das so denkt? Deine Seele, dein ewiges Licht, ist es nicht. Die Seele weiß, dass sie unendlich ist. Zeit existiert für sie nicht, sie ist überall und nirgends. Sie war, sie ist, und sie wird sein. Sie lebt nicht, und sie kann nicht sterben. Sie ist.

Du brauchst Vertrauen in dich, um Krisen bewältigen zu können. Du solltest deinen Kompetenzen vertrauen. Wenn du an dir zweifelst, werden deine Zweifel wahrscheinlich zur Realität. Sie manifestieren sich allein dadurch, dass du ihnen deine Energie und Aufmerksamkeit schenkst. Vertrauen entsteht aus dem Bewusstsein der Einheit. Misstrauen hingegen ist das profane, aber wirksame Werkzeug deines Egos. Lerne also zunächst, dir selbst zu vertrauen. Ohne Vertrauen in dich wirst du scheitern. Die Fähigkeit zu vertrauen ist etwas, was wachsen kann. Dein Vertrauen in dich nimmt in dem Maße zu, in dem deine Angst abnimmt. Eine Möglichkeit, dies zu erreichen, ist die Durchführung der kleinen Rituale dieses Buches.

Eine weitere Voraussetzung ist das Vertrauen in die Menschheit, in die Welt, ja, in den ganzen Kosmos. Ohne Urvertrauen in das Leben ist das Leben verdammt kompliziert. Wenn du nicht weißt, ob du dem Leben vertrauen kannst, misstraust du ihm. Du musst viele Kämpfe austragen und dir alles erarbeiten. Nichts kommt von allein zu dir, und dein Misstrauen wird sich bestätigen.

Außerdem notwendig ist das Vertrauen darauf, dass alles gut wird. Du benötigst also Zuversicht, dass dir dein Vorhaben gelingen wird.

Was aber ist Vertrauen genau? Vertrauen ist die erste der fünf Kräfte des Buddhismus. Vertrauen bedeutet, die Zukunft vorwegnehmen. Du handelst demnach so, als wäre dir die Zukunft sicher – und du bist dir bei diesem Handeln sicher. Aus Vertrauen entwickelt sich so Tatkraft und daraus Lebenskraft. Vertrauen ist mehr als Hoffnung oder positives Denken. Es geht weit darüber hinaus. Es ist ein Zustand der Gedankenlosigkeit. Du weißt, dass es dir gelingen wird. Du musst nicht mehr überlegen, denn diese Gewissheit kommt aus deiner Seele. Mag sein, dass das Gelingen letztendlich anders aussieht, als du es zunächst wolltest, aber es wird das sein, was gut für dich ist.

Statt zu versuchen, deine Zukunft berechenbar zu machen, setzt du deine Energie vertrauensvoll für dein Leben ein. Sei dabei aber auf der Hut vor blindem Vertrauen. Sorglosigkeit und die Haltung, »den lieben Gott einen guten Mann sein zu lassen« sind kein Vertrauen. Von Nichts kommt nichts. Handeln musst du! Das Feld deines Lebens musst du bestellen. Du gibst dabei dein Bestes, dann werden deine Samen aufgehen, und deine Ernte wird reich sein.

Ritual – Geben macht glücklich

»Geben ist seliger denn nehmen«, heißt es in der Bibel (Lukas 20,35). Eine kanadische Studie hat gezeigt, dass es einen Zusammenhang zwischen persönlichem Glück und dem Weggeben von Dingen gibt. Menschen, die ihr Geld, ihre Zeit oder ihre Fähigkeiten für sich behalten, sind unglücklicher, als Menschen, die dies mit anderen teilen.
Eine andere Studie besagt, dass Menschen, die anderen helfen, länger leben. Rein statistisch betrachtet, ist der lebensverlängernde Effekt, einem anderen zum Beispiel regelmäßig im Haushalt zu helfen, vier Mal größer, als die Wirkung von Aspirin bei Herzinfarktkandidaten.[7] Wenn also statistisch ein Herzinfarktkandidat durch Einnahme von Aspirin sein Risiko halbiert, so kann der Helfer das Risiko auf ein Achtel reduzieren. Jeder, der sich also im Haushalt eher zurückhält, verringert seine Lebenserwartung nicht unerheblich.
Dummerweise ist der Effekt nicht allzu nachhaltig. Um davon zu profitieren, ist es erforderlich, immer wieder zu helfen. Du ahnst es bereits: Das nun folgende Ritual ist anders als die anderen. Du sollst die alte Pfadfinderregel »Jeden Tag eine gute Tat« in dein Leben bringen. Tue Gutes! Hilf anderen Menschen! Es wird dich glücklich machen.

---

7 Bayerischer Rundfunk: Geist & Gehirn mit Manfred Spitzer, online auf: http://www.br.de/fernsehen/br-alpha/sendungen/geist-und-gehirn/index.html

Deine Frage für heute lautet:

Was will ich wirklich?
Wofür würde ich sterben?
Was ist es, was ich mir aus tiefstem
Herzen wünsche?

72

Über das Bewerten

Dieser Augenblick, dieser Atemzug,
– nicht der vorherige und nicht der folgende –
ist das Leben.

Du bist derjenige, der mit jedem Einatmen entscheidet, worüber du dich gerade ärgerst oder freust. Du entscheidest mit jedem Ausatmen, ob dein Tag gut oder schlecht ist. Du entscheidest, wie du dich hier und jetzt fühlst. Überlege mal, worüber du dich zuletzt geärgert hast oder was dich auch gerade jetzt ärgert. Was bereitet dir Sorgen? Was macht dich traurig? Die Menschen klagen zum Beispiel ständig über das Wetter. Es ist zu kalt, es regnet zu viel, es ist zu warm und so weiter. Zum einen ist es ziemlich sinnlos, sich über das Wetter zu ärgern, denn dadurch wird es nicht besser, zum anderen hat auch vermeintlich schlechtes Wetter seinen Sinn und seine schönen Seiten. In allem steckt etwas Gutes, selbst im Schlechtesten. Dinge werden nicht besser oder schlechter, indem du sie benennst und ihnen eine Form gibst.

Der wichtigste Aspekt des Themas *Bewerten* ist die Projektion. Solange du Dinge nicht bewertest (sie also nicht benennst), sind sie Teile des Raums. Sie sind eigenschaftslos. Sie sind. In dem Moment aber, in dem du etwas gut oder schlecht findest, entsteht eine Gedankenform. Diese entsteht in deinem Gehirn, nicht draußen in der Welt. Du projizierst etwas aus deiner inneren Welt auf dieses Ding.

Eigenschaften anderer Menschen, die uns aufregen und ärgern, sind ebenfalls Projektionen. Wir alle neigen dazu, Eigenschaften, die wir an uns nicht mögen oder die wir uns nicht erlauben, auf andere zu projizieren und an ihnen zu bekämpfen.

Das, was du im anderen siehst, ist deines – im Guten wie im Schlechten. Deine Seele versucht, auf dem Weg deiner Persönlichkeit zur Ganzheit möglichst viel zu erfahren. Sie strebt ständig danach, ihr Wissen ins Leben umzusetzen und sich so selbst zu erfahren und sich selbst kennenzulernen. Mehr will sie nicht. Die Seele sortiert dabei nicht nach Gut und Böse. Nein, sie kennt gar kein Gut und Böse. Die Bewertung dessen, was dir widerfährt, nimmt dein Ego vor.

Der andere dient uns als Spiegel. Was du über deinen Mitmenschen sagst, sagt mehr über dich als über deinen Mitmenschen aus. Das, was dich stört, entsteht in dir. Es hat nichts mit dem anderen zu tun. Solange du nicht allzu bewusst bist, siehst du deine Schattenseiten ausschließlich im anderen. Das, was er dir vermeintlich angetan hat, hast du dir selbst angetan.

Es gibt Menschen, die sich irgendwann entschieden haben, in ihrer Betrachtung der Dinge nur noch die negativen Aspekte zu sehen. Sie schauen auf ihre bisherigen Erfahrungen, picken sich die negativen heraus und projizieren diese auf die Zukunft. Alles Schlechte, das ihnen widerfährt, ist aber ihre Wahl. Diese Menschen haben natürlich nicht absolute Wahl darüber, was sie erleben, aber sie haben die Möglichkeit zu entscheiden, wie sie ihre Erlebnisse beurteilen.

Du selbst entscheidest, was gut und was schlecht ist. Deine heutigen Gedanken manifestieren sich zu deiner Zukunft. Die Welt besteht aus Gegensätzen, die sich gegenseitig bedingen. Neigt sich etwas dem Ende zu, beginnt bereits etwas anderes. Denke nur an das Yin-Yang-Symbol. Genau wie die Sonne auf- und wieder untergeht verhalten sich alle Dinge.

Der Fluss des Lebens ist nicht aufzuhalten. Warum sollte man noch Widerstand leisten, anstatt mit ihm zu fließen? Widerstand ist Bewerten, mit dem Fluss fließen ist Annehmen. Solange man versucht, sich dem Fluss des Lebens zu widersetzen, leistet man Widerstand. Dann wird man immer wieder durch Probleme, Leiden oder Krankheit von der Seele darauf hingewiesen, dass etwas schiefläuft.

Im Taoismus spricht man diesbezüglich von *Wu Wei*, dem Prinzip des Nichthandelns. Demnach kann man die letzte Wahrheit nur erfahren, wenn man alles als eins erkennt und wenn man handelt, indem man nicht handelt. Wu Wei bedeutet jedoch nicht, dass man passiv wird und gar nichts macht, sondern dass die Handlungen spontan im Einklang mit dem Leben entstehen, sodass das Notwendige getan wird. Man ist nicht übereifrig und blind, sondern leicht und mühelos. Es ist ein Zustand der inneren Stille, der zur richtigen Zeit die richtige Handlung ohne Anstrengung des Willens hervortreten lässt. Es handelt sich um eine Art kreativer Passivität. Wu Wei ist also keinesfalls Weltflucht. Der Mensch lebt in der Welt. Er weicht ihr nicht aus, aber er ist unabhängig und geht den Weg der Leichtigkeit und nicht etwa den Weg des geringsten Widerstands. Er arbeitet, ohne stolz darauf zu sein und tut

Gutes, ohne sich dessen bewusst zu sein. Die Lebensenergie muss fließen.

Ritual – Die vier Elemente

Dieses wunderschöne Ritual arbeitet auf sehr schlichte und kraftvolle Art mit allen vier Elementen. Die Sonne steht für das Feuer, die Blüte für die Erde, die Feder für die Luft und das Wasser für sich selbst. Mit den Energien, die uns die Natur zur Verfügung stellt, heilen wir uns selbst. Du kannst dich mit diesem Ritual selbst segnen. Schöner ist es natürlich, das Ritual in einer Gruppe durchzuführen und sich gegenseitig zu segnen.

Du brauchst eine Schale, Wasser – idealerweise Quellwasser – eine Feder, eine Blüte, gegebenenfalls Räuchergut und ein Feuer (oder als Ersatz Kerzen).

Zunächst weihst du die Schale mit dem Wasser darin den vier bzw. den sechs Richtungen (vier Himmelsrichtungen sowie Himmel und Erde). Danach reinigst du dich, wenn du möchtest, durch Räuchern.

Richte nun dein Gesicht zur Sonne aus (bitte nicht direkt hineinschauen). Wenn die Sonne nicht scheint, entzünde eine oder mehrere Kerzen oder mache ein richtiges Feuer.

Reinige das Gesicht kurz mit dem Wasser aus der Schale.

Streiche mehrere Male mit der Feder, die du in das Wasser getaucht und anschließend Richtung Sonne (bzw. Kerzen oder Feuer) gehoben hast, deinen Körper ab. Anschließend wiederholst du das Ganze mit der Blüte.

Eventuelle energetische Störungen, die du dabei feststellst, entfernst du durch Pusten. Stelle dir ganz einfach vor, dass du die Störung wie einen Wattebausch wegbläst.

Du kannst dieses Ritual auch regelmäßig zum Start oder als Ende eines größeren Rituals durchführen. Die Kraft der vier Elemente sorgt für eine innere Balance in dir.

Intuitives Schreiben für den 13. Tag

Deine Frage für heute lautet:

Was werde ich loslassen müssen, um diese Zukunft Realität werden zu lassen?

Loslassen

Du wirst nie wissen, wer du bist.
Aber heute wirst du verstehen, wer du nicht bist.

Dein Ego haftet an Dingen, weil es sich darüber definiert. Es kann den Raum nicht spüren, in dem alles eins ist, also sucht es kontinuierliche Befriedigung in allem Formhaften. Dies heißt nicht, dass du dein schönes Auto, eine elegante Handtasche oder die noble Uhr nicht schätzen darfst. Ja, sie sind schön – und dennoch nur vergängliche Formen. Lerne, auf diese Dinge verzichten zu können, ohne ihnen nachzutrauern. Das Ego erweitert sich selbst, indem es Dinge als »mein Auto«, »meine Handtasche«, »mein Partner«, »mein Geld« usw. bezeichnet. Ich bin ja bereits darauf eingegangen, dass sich das Ego auch über Eigenschaften und Geschichten aufbläht. Verliert es etwas davon, geht es dem Ego an den Kragen.

Dein Ego definiert sich über Vergleiche und über das Besitzen. Du fühlst dich besser, weil du das dickere Auto hast. Oder du fühlst dich besser, weil du eben kein Auto besitzt und die Umwelt nicht verpestest. Dies macht keinen Unterschied. Ego bleibt Ego. Wer sich von allem lossagt und nach Indien geht, um den Rest des Lebens in Armut zu verbringen, sollte überprüfen, ob er sich dadurch wirklich besser fühlt. Vielleicht hat er nur den Gedanken im

Hinterkopf, dass er jetzt den anderen mal zeigt, wie es geht. Oder er kommt ganz einfach mit seinen Problemen nicht klar und flieht. Natürlich verspricht ein Aufenthalt im Ashram dann durchaus auch Heilung.

Ständiges Anspruchsdenken ist eine »Kernkompetenz« des Egos. Es will und braucht mehr, ansonsten löst es sich auf. Es muss fressen, fressen, fressen. Es macht dich so zu seinem gefügigen Knecht, weil du denkst, du wärst derjenige, der Hunger hat. »Du denkst« trifft den Sachverhalt in diesem Satz nicht ganz, es sollte besser heißen: »(...) weil du auf den Gedanken triffst, der Hunger heißt«.

Alles loszulassen, ist nicht einfach. Schlimmer noch, es ist nahezu unmöglich. Du kannst Dinge nicht bewusst loslassen. Die Absichtlichkeit hinter dieser Idee torpediert sie bereits. Loslassen meint, hier und jetzt nicht an Dingen anzuhaften. Es bedeutet, dass du dir darüber bewusst bist, dass du anhaftest und dass dein Ego etwas daraus zieht, Dinge zu besitzen.

Nur zu oft hängen wir in der Vergangenheit fest und trauern Dingen nach. Welchen Sinn aber hat dies, wenn diese Dinge nicht bei uns bleiben wollten? Schenke deine Energie Dingen, die momentan da sind. Erfreue dich an ihnen, und konzentriere dich auf die Dinge, die dir gelingen. Versuche nicht, einen Plan oder eine Idee mit Gewalt durchzusetzen, wenn du spürst, dass etwas nicht stimmt.

Schon immer war ich ein Freund des Wortes *annehmen*. Annehmen, was ist, ist gar nicht so schwer, solange die Dinge, die es anzunehmen gilt, nicht deinem Ego zuwiderlaufen. Dinge, die du mit Freude oder sogar mit Leidenschaft machst, sind immer angenehm. Dann gibt es noch die Dinge, die eher lästig, aber mit einem bisschen guten

Willen auch schaffbar sind. Hast du dich jedoch zum Beispiel mit deiner Beziehung oder deiner Arbeit identifiziert und verlierst sie plötzlich, gelingt es dir wahrscheinlich nicht problemlos, dies einfach als das für dich Richtige anzunehmen.

Und doch gilt immer: Das, was du gerade erlebst, ist genau das Richtige für dich. Ob du in deinem Erdendasein einen Widerstand gegen diese Erfahrung entwickelst, interessiert deine Seele nur am Rande. Du machst diese Erfahrung gerade eben, weil sie das ist, was für dich jetzt und hier das Richtige ist. Es ist so, wie es ist. Und auch das geht vorbei.

Doch du entwickelst Widerstand gegen dieses Erleben. Das darf nicht sein, das ist ungerecht! In Gedanken erschaffst du aus einer aktuellen Situation ein regelrechtes Horrorszenario für die Zukunft. Dein Ego gibt Gas. Innerlich verkrampfst du, und alles, was du tun wirst, wird dich immer tiefer in das Elend hineintreiben. Was aber wäre, wenn du keinen Widerstand in dir hättest, also kein Dilemma zwischen dem Wunsch des Egos und der vermeintlichen Wirklichkeit existieren würde? Du würdest dich mit dem Thema gar nicht beschäftigen, du würdest es nicht bemerken. Du kannst immer entscheiden, ob du in Richtung deines Dilemmas marschieren möchtest oder ob du einfach nur bewusst sein und dem Treiben der Gedanken zuschauen möchtest.

Dies heißt jetzt aber nicht, dass du niemals kämpfen sollst! Nur irgendwann solltest du dabei erkennen, dass du gegen Windmühlen kämpfst, die in deinem eigenen Kopf stehen und die sich nur noch drehen, weil du ihnen den Wind deiner Energie schenkst. Immer, wenn du dich über irgendetwas beklagst – ob im Außen oder in dir –, fütterst du dein Ego. Derjenige, der den anderen beurteilt, beschimpft und bewertet, ist dein Ego. Damit kann es sich abgrenzen und erhöhen. Dein Ego identifiziert den anderen mit dessen Ego, so können sich beide gegenseitig am Leben erhalten. Dein Ego projiziert etwas in den anderen hinein, was meist deine eigenen Macken sind. Diese Macken würde es nie zugeben, verurteilt sie aber nur zu gern beim anderen. Und so steht es selbst wieder einmal glorreich da.

Ein anderes Mittel, dies zu erreichen, ist Rechthaberei. Wenn dein Ego recht hat, hat ein anderes unrecht. Die Trennung ist vollzogen, und dein Ego fühlt sich gestärkt. Richtig übelnehmen kann man ihm das gar nicht, weil es seine Gedanken für Tatsachen hält. Ihm ist nicht bewusst, dass es sehr begrenzt ist und dass es seine Meinungen mit Tatsachen verwechselt. Es kann nicht einmal zwischen einer Situation und seiner eigenen Reaktion darauf unterscheiden. Eine Situation ist immer neutral, sie ist einfach. Dein Ego jedoch hält den Ärger und die ihn auslösende Wahrnehmung für logisch zusammengehörend. Es meint, es hätte die Welt verstanden. Es hätte in einer Welt, in der es keine absolute Wahrheit gibt, genau diese gefunden.

Das Gegenmittel lautet Bewusstheit. Tritt einen Schritt zurück, und schaue dir und deinen Gedanken und Emotionen zu. Lasse dein Ego wie einen junger Hund über die Wiese tollen. Bewerte nicht.

Ritual – Lasse los, was dir schadet

Ich schlage dir als grundsätzliches Ritual zum Loslassen, aber auch in Momenten, in denen du feststellst, dass du wieder mal an Gedanken, Emotionen oder Dingen anhaftest, Folgendes vor.

Stelle dich in die Haltung des Kriegers. Dabei stehst du mit leicht geöffneten Beinen, die Füße sind etwa eine Fußlänge auseinander. Die Knie sind nicht ganz durchgedrückt, die Hüfte ist leicht vorgeschoben. Die Brust streckst du raus, die Schultern nimmst du zurück – erhobenen Hauptes stehst du da wie ein Krieger.

Pendle zunächst ganz leicht nach links und nach rechts, indem du das Gewicht von einem Fuß auf den anderen verlagerst. Lasse die Bewegungen immer kleiner werden, bis du zentriert bist.

Danach pendelst du vor und zurück, von der Ferse auf die Zehen und umgekehrt. Und wieder werden die Pendelbewegungen kleiner und kleiner, bis dein ganzer Körper leicht und locker auf einem Punkt zentriert ist. Du stehst in der Nullposition.

Nun schließt du die Augen und atmest ganz langsam und bewusst tief ein. Bis unten in den Bauch fließt dein Atem. Er füllt die gesamte Lunge, du spürst seine Kraft.

Während du einatmest, hebst du die Arme mit den Handflächen nach oben. Du streckst sie nach vorn, bis die Arme waagerecht sind.

Beim langsamen Ausatmen bewegst du die Arme im Atemrhythmus langsam nach hinten (wie bei einem Kreuz) und lässt sie dann nach unten gleiten. Beim letzten Stück entspannst du die Armmuskeln und lässt deine Arme einfach auspendeln. Alle Anspannung tropft dir aus den Fingerspitzen. Schüttle die Hände leicht aus. Und dann nimmst du den nächsten Atemzug. Mache diese Übung so lange, bis es dir gut geht.

Intuitives Schreiben für den 14. Tag

Deine Frage für heute lautet:

**Was brauche ich,
um die nächsten Schritte zu gehen?**

Der Weg der Dankbarkeit

Danke zu sagen,
ist die wirksamste Weise,
sich selbst zu heilen.

Vielleicht denkst du manchmal: »Ach, wieder so ein gebrauchter Tag, den mir das Leben da angedreht hat.« Doch dieser Tag ist genau der Tag, den dir das Leben heute geschenkt hat. Es ist nicht irgendein Tag. Er ist ein Geschenk, das einzige Geschenk, das du gerade in diesem Moment empfängst. Und die einzig mögliche Reaktion darauf ist Dankbarkeit.

Lerne, jeden Tag als einzigartiges Geschenk anzusehen und dich für ihn zu bedanken. Betrachte jeden Tag, als wäre er der erste Tag deines Lebens und zugleich auch der letzte. Dann wirst du jeden Tag würdigen. Vielleicht schließt du für einen Moment deine Augen. Und wenn du sie wieder öffnest, schaue auf die Farben, die du siehst, betrachte die Pracht des Lebens. Blicke in die Wolken, die sich bewegen. Versenke dich in das Blau und Weiß des Himmels. Schaue auf den Stoff deiner Kleidung, die Umgebung, in der du dies gerade liest. All dies wird nie wieder so aussehen wie am heutigen Tag. Er ist einzigartig, so, wie du auch.

Leben heißt Veränderung. Dennoch tun wir Menschen uns schwer damit. Nur allzu gern würden wir eine Menge Missstände in der Welt abstellen, doch was wären die Folgen? Und wie sollen wir dabei überhaupt vorgehen? Du weißt, so spricht das Ego, das deiner wahren Natur nicht folgen möchte, sondern dich lieber weiterhin vom Sofa aus herumkommandiert. Am liebsten würde es sich in der heutigen Zeit ohnehin hinter dem Sofa verstecken, denn wir bewegen uns unaufhaltsam auf ein neues Bewusstsein zu.

Die alte Welt ist bald nicht mehr, sie liegt in den letzten Zügen. Die neue ist noch unscharf und verschwommen. Und die meisten von uns hängen zwischen alt und neu. Das Alte passt nicht mehr, doch wohin es jetzt genau gehen soll, wissen wir nicht. Das Einzige, was wir tun können, ist, zu vertrauen und unserem Herzen zu folgen. Statt an materiellen Dingen und Gedanken festzuhalten, nehmen wir an, was ist.

Neben Loslassen, Annehmen und Vergeben ist Dankbarkeit ein weiteres Geheimnis für mehr Glück. Der Weg der Dankbarkeit geht über das Annehmen hinaus, weil er die Erkenntnis beinhaltet, dass das, was geschieht, Sinn ergibt und in irgendeiner Art und Weise gut ist.

Mit der Haltung »Ich nehme das Leben an, ich bin dankbar dafür« findest du die Erlösung – so schwer dies in manchen Momenten auch fällt. Betrachte alles, was zu dir kommt, als Geschenk des Lebens.

Du musst nicht für alle persönlichen und gesellschaftlichen Katastrophen sowie für Gewalt und Unterdrückung dankbar sein. Wohl aber kannst du dankbar sein für das, was du daraus lernst. Du wächst dadurch und reifst. Dein

Herz wächst und wird stärker und stärker. Du identifizierst dich nicht mehr mit deinem Ego. Dann ist es dir möglich, den anderen Menschen wieder als eins mit dir zu erkennen.

Vielleicht hast du Lust, einmal auf alles, was gut läuft, zu schauen. Was ist in deinem Leben gerade gut? Was finden deine Freunde an dir gut? Was kannst du besonders gut? Gewöhne dir an, dich für alles Positive und Schöne zu bedanken. Bedenke dabei, dass du gewisse Dinge durch die Fokussierung auf sie verstärken kannst. Energie folgt der Aufmerksamkeit. Wenn du für etwas dankbar bist, weiß dein Unterbewusstsein genau, wo es für mehr sorgen muss, um Glück zu erfahren. Danke zu sagen, ist die wirksamste Möglichkeit, sich selbst zu heilen.

Die Indianer halten endlos lange Dankesreden an die Natur und an die Geister. Sie wissen um die Kraft der Dankbarkeit. Sei dankbar für das, was du erreicht hast und nicht traurig über das, was du noch nicht hast.

Ritual – Dankbarkeitsliste

Die Dankbarkeitsliste ist eine ganz tolle Übung, weil sie so einfach ist. Setze dich in Ruhe hin, und nimm dir etwa eine halbe Stunde Zeit. Du brauchst Papier und Stift. Schreibe auf, wofür du in deinem Leben dankbar bist. Verlagere dadurch deine Energie von den Problemen und Sorgen auf die Dinge in deinem Leben, die gut sind. Indem du deine Energie verlagerst, wird sich auch zukünftig dein Leben ändern.

- Welche Talente hast du?
- Welche besonderen Fähigkeiten?
- Welche Menschen hast du getroffen, für die du dankbar bist?
- Was hast du in deinem Leben erreicht, wofür du dankbar bist?
- Was verdankst du deiner Mutter?
- Welche positiven Eigenschaften hast du von ihr?
- Was verdankst du deinem Vater?
- Welche positiven Eigenschaften hast du von ihm?
- Was verdankst du deinen Großeltern und Geschwistern?
- Welchen anderen Menschen könntest du danken? Wofür?
- Für welche Erfahrungen im Leben solltest du dankbar sein?
- Was hast du gut gemacht?

Schreibe alles auf!

Realisiere, wie viele Dinge es gibt, für die du dankbar sein kannst.

Schreibe ein »Danke« auf den Badezimmerspiegel, das dich jeden Morgen und Abend daran erinnert, Danke zu sagen. Bedanke dich während des Zähneputzens ein oder zwei Minuten lang für alles, was dir gerade einfällt. Bedanke dich für den gestrigen und den kommenden Tag. Gehe einige Dinge durch, für die du dankbar bist. Gib acht, was diese Übung in dir bewirkt. Wahrscheinlich wirst du in kurzer Zeit eine andere Wahrnehmung deines Erlebens haben, weil du einen viel größeren Anteil als zuvor plötzlich entsprechend zu würdigen weißt – so wie er es eigentlich verdient hätte. Vielleicht fällt dir dann auch auf, wie wenige Menschen sich bei anderen bedanken, vieles wird für selbstverständlich gehalten. Fange du doch einfach an, dich zu bedanken. Ob mündlich, per E-Mail, SMS oder Brief spielt keine Rolle, andere freuen sich über ein Wort des Dankes genauso wie du selbst. Achte einfach im Alltag ein wenig mehr darauf, wer für das, was er tut, einen Dank verdient hat, egal, ob das jemand ist, der etwas für dich persönlich getan hat oder jemand, der etwas Gutes für die Allgemeinheit vollbracht hat.

Intuitives Schreiben für den 15. Tag

Deine Frage für heute lautet:

Was sind die frühen Anfänge dieser Zukunft in meinem jetzigen Leben?

Vergebung

Sei gewiss: Auch das geht vorbei!

Wie du erfahren hast, sind deine bewertenden Gedanken Konstrukte deines Egos. Es ist hilfreich, sich gegen diese Gedanken nicht zu wehren, sondern sie aus der Distanz zu beobachten und sie loszulassen. Das anzunehmen, was ist, verspricht ein glückliches Leben. Nun kommen wir zum letzten Mosaiksteinchen für ein gelungenes Leben: dem Vergeben.

In Bezug auf das Ego bedeutet vergeben, dass du dein Ego nicht reagieren lässt. Lasse es denken, was es will, aber blicke hinter die Dinge. Du weißt, dass das Ego nachtragend ist und Vorwürfe macht. Dein Ego hat eine Idee, wie die Welt sein müsste. Nur weicht die Realität eben davon ab. Vergeben wird damit zu einem nicht-aktiven Vorgang, einer Tätigkeit des Nichtstuns, der Absichtslosigkeit. Es genügt, bei dir zu bleiben. Vergebung geschieht von allein, wenn du bewusst bist.

Was geschieht, wenn dich jemand angreift, kritisiert oder beleidigt? Eigentlich bist du ein netter friedliebender Mensch. Aber es muss nur jemand den richtigen Knopf drücken und sofort durchläuft dich ein Energiestrom, der jede Bewusstheit abschaltet. Du verteidigst dich, wirst laut, deine Stimme überschlägt sich, und du schaltest um auf Gegenangriff. Du bist nun auf Krieg und Vergeltung aus.

Wie wäre es, diesen Energiestrom durch dich fließen zu lassen und dabei einfach bewusst zu bleiben? Du ärgerst dich natürlich erst einmal weiterhin, aber beobachtest dich dabei. Der Schritt zum Vergeben ist dann nicht mehr weit.

Betrachten wir zunächst den Grund, der Vergeben überhaupt erforderlich macht. »Wo ein Anderes ist, da ist Furcht«, heißt es in den Upanishaden. Der Gedanke der Trennung erzeugt Angst. Daraus entstehen Emotionen wie Furcht, Wut oder Ärger in dir. Es gibt andere, die dir nicht gut gesinnt sind. Eine solche Erwartung aber wird erfüllt werden, dein Ego sorgt dafür – und wird dadurch immer wichtiger. Das Ego kann und will nicht vergeben, wenn dich jemand gekränkt hat. Dies würde seinem Selbstmord gleichkommen. Ganz im Gegenteil will es Rache, mindestens aber eine klare Entschuldigung: »Sag, dass es dir leidtut!« Dem anderen zu vergeben, würde die Trennung zwischen ihm und dem anderen aufheben. Vergeben heißt, den Gedanken der Trennung aufzugeben und zu erkennen, dass wir alle eins sind. Du lässt dein Ego los und bist dein Selbst. Der Raum öffnet sich.

Ritual – Vergebung

Chuck Spezzano hat gesagt, dass derjenige, der eine problematische Situation erlebe, die sich einfach nicht positiv entwickele, ein »Beziehungsproblem« habe. Das Problem sei, dass man für einige Menschen negative Gefühle hege. Wer aber für andere Menschen derartige Gefühle hege, habe diese auch sich selbst gegenüber.[8]

Erstelle eine Liste der Personen, denen du noch etwas nachträgst. Schreibe alles auf, was du diesen Personen vorwirfst. Bist du bereit, diese Gefühle aufzugeben?

Kennst du Ho'oponopono, das hawaiianische Vergebungsritual? Es ist so einfach, dass ich mich frage, wie so viele Bücher dazu veröffentlicht werden konnten. Ho'oponopono heißt so viel wie »die universale Ordnung wiederherstellen«. Und dies bedeutet im Wesentlichen, den eigenen Anteil an allem, was geschieht, zu erkennen und sich selbst dafür zu vergeben. Du übernimmst also 100 Prozent der Verantwortung für alles, was dir widerfährt.

Warum solltest du überhaupt überlegen, wer »schuld« an einer Situation ist? Schließlich sind wir doch alle miteinander verbunden und dadurch irgendwie immer auch alle beteiligt. Das, was du erlebst, ist die direkte Resonanz auf dein Verhalten. Hier findest du vier einfache Sätze, mit denen du Situationen auflösen kannst:

8 Chuck Spezzano: Die tieferen Dimensionen des Erfolges, Band 2, Via Nova 2006, S. 63.

Ich erkenne meinen Anteil daran.
Ich vergebe mir.
Ich danke für das, was ich hieraus lerne.
Ich liebe den anderen in mir und mich im anderen.

Die folgende Übung kannst du zwar auch zu Hause am Küchentisch machen, schöner und kraftvoller aber ist sie in der Natur.
Suche dir einen großen Baum, der dir »sympathisch« ist. Sein Energiefeld wird dir bei der folgenden Reinigung helfen. Räuchere zunächst zur Einleitung des Rituals, und bitte dann um die Hilfe der vier Himmelsrichtungen.
Entscheide dich für ein Anliegen. Welchen Konflikt, welches Problem möchtest du heute heilen?
Gehe nun im Uhrzeigersinn – gern barfuß – um den Baum herum, und sage jeden der Ho'oponopono-Sätze so oft, bis du das Gefühl hast, dass er echt klingt und dass du hinter der Aussage stehen kannst. Setze also einen Fuß vor den anderen, und sprich den ersten Satz immer wieder aus, so lange bis er sich stimmig anfühlt. Dann wiederhole das Ganze mit dem zweiten Satz, bis auch dieser »passt« und so weiter.
In einigen Fällen wird es dir sicher schwerfallen, aber gib einfach dein Bestes.
Du ahnst es sicher bereits, das kann bei mehreren ungeklärten Beziehungen einige Zeit dauern. Vielleicht beginnst du mit der für dich wichtigsten Situation, und klärst die übrigen Beziehungen an anderen Tagen.

Deine Frage für heute lautet:

**Wie könnten mögliche Prototypen
oder Tests dieser gewünschten
Zukunft aussehen?**

Nichtwissen und Ungewissheit

Das Leben weiß es besser als du.
Werde eins mit ihm,
und das Wissen wird unwichtig.

Im Buddhismus bezeichnet man Nichtwissen als den ursprünglichen Leidensgrund. Allerdings sollte dich dies nicht dazu verleiten, nun mehr zu lesen und zu lernen. Nichtwissen ist das »Nicht-Gegenwärtig-Sein«, das dazu führt, dass du die Einheit aller Dinge nicht erkennst. Wissen im Sinne des Buddhismus bedeutet dementsprechend, das Ego erkannt zu haben und sich seiner bewusst zu sein.

Nun kommen wir zu einem Punkt, der gegen jedes weitere Lesen und Lernen – egal ob aus Büchern oder in Workshops – spricht. Wissen – verstanden im herkömmlichen Sinne als Futter für den Verstand – trennt dich vom Leben. Jedes Wissen-Wollen, das über die gerade beschriebene Erkenntnis hinausgeht, ist Selbstsabotage auf dem Weg weg vom Leiden und hin zum Glück. Ich wünsche dir, lieber Leser, dass du glücklich bist und dein Leben lebst. Dies bedeutet aber auch, dass die Suche beendet ist. Du wirst all die schlauen Bücher nicht mehr benötigen – auch meine nicht mehr.

Warum aber ist Wissen-Wollen schlecht? Nun, es trennt dich von den glücklichen Momenten im Hier und Jetzt, es zieht dich hin zu den Gespinsten des Egos, wie die Zukunft aussehen könnte. Wenn du etwas über das Leben wissen willst oder etwas über oder von einem anderen erfahren möchtest, bist du nicht mehr bei dir. Die unmittelbare Verbundenheit zwischen dir und dem Leben wird durch die entstehende Distanz untergraben. Du kannst nicht im Kontakt mit dem Leben sein, wenn du es mit dem Verstand begreifen willst.

Ich gebe zu, dies ist ein sehr schwieriger Aspekt, an dem ich selbst zu knabbern habe. Nicht fragen dürfen, nicht wissen wollen, nicht lernen und nicht denken sollen ist die schwerste Aufgabe, die ich mir vorstellen kann. Insofern geht es mir wahrscheinlich nicht viel anders als dir, aber ich freue mich, wenn mir dies in kleinen Momenten gelingt, und diese Augenblicke langsam zunehmen.

Deine Verbundenheit mit dem Leben (oder den anderen) kann man auch als reine Liebe bezeichnen. Diese Liebe zu hinterfragen und logisch ergründen zu wollen, tötet sie. Du verschließt dich damit dem wahren Fluss. Wenn du aber in Momenten des Wissen-Wollens ganz bei dir bleibst, kannst du dich selbst beobachten. Du wirst feststellen, dass du leidest, dass du Schmerzen verspürst. Genauso kannst du aber auch Phasen des Glücks und der Klarheit beobachten. Und in diesen Momenten, im Betrachten deiner Gedanken und Emotionen, findest du die Liebe.

Der Drang, alles wissen und verstehen zu wollen, beruht auf uralten Überlebensinstinkten. Du willst dich wappnen für alles, was kommen könnte. Du musst vorbereitet sein. Wissen sichert dein Überleben. Heute geht es dabei allerdings oft mehr um das spirituelle Überleben. Dein

Verstand sucht Sicherheit, er ist für dein Überleben verantwortlich. Also macht er seinen Job und sammelt und sammelt. Nur wenn du es ihm ermöglichst, sich von diesem Job zu befreien, kann er sich öffnen.

Wissen soll die Angst vertreiben, die Ungewissheit vor dem, was kommt. Der Wunsch nach Sicherheit entspringt der Vermeidung von Situationen, in denen wir Angst verspüren. Sicherheit soll das Leben berechenbarer machen. Hinter allem steht die Annahme, dass wir nur genug wissen müssen und dann können wir so leben, wie wir wollen.

Leider ist es nicht möglich, über Wissen mit dem Leben verbunden zu sein und mit ihm Kontakt aufzunehmen. Auch Kontakt mit Menschen funktioniert nicht über Wissen-Wollen. Vor all diesem Wissen steht die Erkenntnis der eigenen Person. »Wer bin ich?«, »Was will ich?« und all die anderen Fragen, mit denen du dich bereits in den Übungen zum intuitiven Schreiben beschäftigt hast, gehören dazu. Erforsche dich zunächst selbst, ergründe deine Sehnsüchte, finde dein Potenzial. Laufe nicht vor der Angst davon, sondern stelle dich ihr. Bevor du diese Fragen für dich nicht geklärt hast, werden alle anderen Fragen keine Erkenntnis bringen.

Ritual – Zeichen der Seele

Alles, was dir in deinem Leben begegnet, hat mit dir zu tun. Du allein entscheidest, worauf du deinen Fokus richtest, und in Abstimmung zwischen dem Speicher deines Körperbewusstseins und dem Verstand bestimmst du, ob das Wahrgenommene gut oder schlecht ist.

Jeder Mensch ist einzigartig und muss seiner individuellen und einzigartigen Kraft folgen. Dein höheres Selbst sorgt immer wieder für Hinweise und auch Katastrophen, die dich auf dem Weg halten sollen. Es schickt dir Zeichen um Zeichen. Da du meist nicht darauf achtest, weil du sie ganz einfach übersiehst oder weil du sie gar nicht erkennen willst, werden die Hinweise zunehmend größer und zuweilen rabiat.[9]

Stellst du dir zum Beispiel die Frage »Worauf sollte ich achten, wenn ich morgen das Vorstellungsgespräch erfolgreich führen will?«, dann achte auf das nächste Objekt, Ereignis, Satz, Melodie oder Ähnliches, das deine Aufmerksamkeit anzieht. Dies beinhaltet deine Antwort. Sie ist natürlich verschlüsselt und vielleicht dauert es eine Zeit lang, bis du etwas damit anfangen kannst.

Aber auch aus ganz normalen Begegnungen des Alltags kannst du lernen. Jetzt, da ich diese Zeilen schreibe, erinnere ich mich gerade an ein Weihnachtsgeschenk meiner Frau: eine graue Wolldecke. Die Decke war weich und kuschelig, aber ich hatte keine Ahnung, was ich mit ihr anfangen sollte. Ich ärgerte mich über dieses blöde Geschenk. Du kannst dir vorstellen, wie sich die Stimmung entwickelte. Blicke ich heute auf die Situation zu-

9 Tiefer gehende Informationen, wie du die Zeichen des Lebens erkennen und deuten kannst, findest du in meinem Buch: Synchronicity Healing, Schirner 2013.

rück, fallen mir verschiedene Interpretationsmöglichkeiten ein. Die Decke war weich und kuschelig. Vielleicht fehlte mir das gerade in meinem Leben, und ich ließ es aber nicht zu. Oder ließ ich andere Menschen zu wenig an meinem Leben teilnehmen, sodass sie keine Chance hatten, zu wissen, was mir gefiel? Brauchte ich mehr Kuscheln, oder sollte ich mehr Kuscheln »geben«? Oder war es das triste Grau der Decke, von dem ich damals viel zu viel in meinem Leben hatte? Konnte ich vielleicht nur Dinge akzeptieren, die meinen Zwecken dienten, und mich nicht über eine Überraschung freuen? War es mein Versuch, selbst die Weihnachtsgeschenke zu kontrollieren?

Ich war derjenige, der angesichts eines Geschenks seine eigenen Defizite auslebte. Mein Ego trieb sein Spiel und nur, wenn ich dies bewusst beobachtet hätte, hätte ich eine Chance gehabt, mein Erleben zu ändern – und dieses Zeichen zu verstehen. Glaube mir, heute weiß ich, was mir die Decke sagen wollte.

Intuitives Schreiben für den 17. Tag

Deine Frage für heute lautet:

Wer sind die wichtigsten Partner und Unterstützer für diese Tests/Prototypen?

Über die Liebe

Kämpfe nicht um die Liebe,
verschenke sie!

Wie oft hast du schon gehört, dass du mit der Liebe bei dir selbst anfangen sollst, bevor du andere damit beglückst? Liebst du dich bereits selbst? Liebst du deinen Körper und deinen Geist? Liebst du deine Macken und Fehler? Oder wärst du gern etwas schlanker, bisweilen schlagfertiger und würdest am liebsten ein doch ziemlich anderes Leben führen?

»Wenn ich …, dann könnte ich …« Ergänze die Lücken in diesem Satz doch mindestens zehn Mal. Wenn ich nicht so viel Pech hätte, dann …, wenn ich die Chance auf eine bessere Ausbildung gehabt hätte, … dann wäre ich heute …, wenn ich keine Familie hätte, könnte ich mehr arbeiten, wenn ich schlanker wäre, könnte ich alle alten Kleidungsstücke wieder tragen, wenn ich mehr Geld hätte, könnte ich das Leben leben, das mir vorschwebt und so weiter und so fort. Ich denke, du kennst diese und ähnliche Glaubenssätze. Sie machen es uns so wunderbar einfach, gewisse Dinge nicht anzugehen. Schließlich ist die Voraussetzung für ihren Erfolg nicht erfüllt. Es kann also nicht klappen.

Was benötigst du, damit du all das, was in deinem Glaubenssatz nach dem Komma steht, angehen kannst? Bedenke, dass du einzigartig bist, so, wie du bist! Wie auch die Indianer, bin ich der festen Überzeugung, dass es für jeden Menschen nur einen »richtigen« Weg gibt. Dieser ist der Weg der eigenen Medizin, der Kraft, die letztendlich das individuelle Potenzial darstellt. So, wie es nicht zwei gleiche Eichen gibt – auch wenn sich viele sehr ähneln –, so gibt es nicht zwei selbe Menschen, weder äußerlich noch innerlich. Es bleibt dir also gar nichts anderes übrig, als aus deinem Leben das Beste zu machen. Du hast nur dieses. Du bist der Einzige, der es mit Sinn füllen kann. Es gibt kein anderes Leben, egal, welche Vorstellungen oder Vorbilder du hast. Ein Vorbild nachzuahmen, kann interessante Anregungen liefern, letztlich bist du dann aber nur die kraftlose Kopie eines anderen Menschen – ein Buch, das bereits geschrieben wurde. Solange du den Schritten eines anderen folgst, siehst du nicht dein Potenzial, sondern nur den Rücken des anderen. Das mag für eine Weile gut sein, bis du gefestigt bist, oft halten wir Menschen aber zu lange fest, statt unsere eigenen Wege zu gehen.

Nun, du kannst dich entscheiden. Liebst du dich so, wie du bist? Nimmst du dich mit all deinen vermeintlichen Schwächen und Makeln an, bis dass der Tod euch scheidet? Bekennst du dich zu dir selbst?

Liebe besteht nicht darin,
einander anzuschauen,
sondern gemeinsam
in die gleiche Richtung zu blicken.
(A. de Saint-Exupéry)

Ein kleines Abschlussritual

als Dank an dich

Stelle dich aufrecht hin und schließe die Augen. Lasse dir Zeit, bewege dich bewusst und langsam. Stelle dir vor, dass du langsam zu einem Engel wirst. Deine Arme werden zu großen weichen Flügeln, die schillernd in der Sonne leuchten. Öffne nun deine Flügel zu beiden Seiten in einer langsamen Bewegung, öffne dich selbst dabei dem Leben. Und nun bewegst du deine Flügel langsam nach vorne und umarmst dich auf diese Weise. Bedanke dich für dein Dasein und für die Wärme, die du dir gerade selbst gibst.
Streichle deine Haut, spüre deine Hände.
Sei liebevoll zu dir, nimm dir deine Zeit!

Intuitives Schreiben für den 18. Tag

Deine Frage für heute lautet:

Was sind die ersten praktischen Schritte, die ich in den nächsten Tagen unternehmen werde?

Jeder Anfang ist ein kleines Wunder

Jeder Anfang ist wie ein kleines Wunder, ein Zauber steckt in ihm, eine neue Zukunft will sich dir offenbaren. Dieser Zauber beschützt dich auf deinem Weg. Wenn du Raum um Raum, Weg um Weg und Erfahrung um Erfahrung durchschreitest, hafte nicht an den Formen. Bleibe wach und aufmerksam für die Zeichen. Veränderung kann leicht sein. Oft braucht es nur den richtigen Impuls zum Gelingen. Eine kleine unscheinbare Erkenntnis, die dir beim Lesen kommt, kann schon alles verändern.

Ich habe viel über das Ego gesprochen, das dir vorgaukelt, es sei du. Die kleinen Rituale haben dich in eine Perspektive gebracht, aus der du dein Ego besser beobachten kannst. Du bemerkst von dort aus, dass du nicht dieses Ego bist. Was du bist, erfährst du vielleicht nie. Ich denke, wir sind der Raum, in dem sich das Leben abspielt. Dieser Raum ist Leere, Stille, das Nichts.

Es erscheint einfach, ein gelungenes Leben zu leben. Ein wenig bewusst und achtsam sein, kein Bewerten und im Hier und Jetzt leben – das ist alles. Und warum macht es dann kaum einer? Weil das Ego erzählt, dass ein Streit auch mal schön ist, dass pure Harmonie ein total langweiliges Leben bedeutet, dass es guttut, sich mal so richtig aufzuregen. Wie schön ist doch immer wieder eine Versöhnung nach einem heftigen Streit!

Nun weißt du, dass dies alles aus deinem Ego kommt. Du kannst entscheiden, wie viel Macht du ihm einräumst. Aber beschwere dich nicht, wenn es diese Macht ausnutzt. Schließlich kommt Ego von egoistisch und nicht von altruistisch.

Überhaupt nicht sinnvoll ist der Plan, dem Ego seine Macht zu lassen und auf anderem Wege spirituelle Erlösung zu suchen. Wenn du dir beispielsweise sagst »Ach, all dieses Hier und Jetzt, das kann es doch nicht sein«, und du daraufhin Zuflucht in den eher magisch-mystischen Richtungen der Esoterik suchst, ist das nur die erste neue Aktion deines Egos auf die ihm überlassene Freiheit. Es sucht sich ein neues Thema. Aber irgendwann hast du alle spirituellen Bücher gelesen, alle Gurus besucht – und erkennst, dass du irgendwann falsch abgebogen bist. Und dann beginnst du ein Leben der Achtsamkeit und Bewusstheit. Das aber kannst du auch heute schon haben, oder?

Immer noch haben viele Menschen das Motto »Von nichts kommt nichts« und denken, sie müssten etwas »machen«. Doch es gibt nichts zu erreichen, da ist nichts zu machen! Du tust nichts, du bist einfach nur wach und gegenwärtig. Du kannst nichts tun, um den Prozess zu beschleunigen. Jede Abkürzung, jede Intensivierung deiner Bemühungen sind Tricks deines Egos und werden dich von deinem Ziel entfernen. Denn es gibt kein Ziel. Überhaupt sind Ziele im Sinne der Bewusstheit, über die wir hier sprechen, hinfällig. Ziele sind Gedanken, Illusionen, Vorstellungen, die immer zerfallen werden. Kein Ziel wird die Zeit überleben, immer ist es ein Konstrukt des Egos. Genauso wird jeder

Sinn im Leben eines Tages seinen Sinn verlieren, du musst nur lang genug warten. Ohne Ziel zu sein, ist das Ziel.

Ein gelungenes Leben im Außen kann vom Sinn abhängen. Wirklich gelungen ist es aber erst, wenn es in einem Zustand der Bewusstheit geschieht. Sonst ist dieses Leben möglicherweise nur erfolgreich. Ein gelungenes Leben zieht seine Kraft aus dem Hier und Jetzt, aus dem Erfolg im Augenblick. Und genau dafür haben wir dieses schöne Wort *gelingen*. Gelingen geschieht im Hier und Jetzt, der Erfolg ist ein Resultat von etwas Vergangenem bzw. von etwas, was du für die Zukunft anstrebst. Erfolg kann nicht im Jetzt stattfinden. Geschieht dies doch, ist das richtige Wort dafür *gelingen*.

Was du suchst, ist eher ein Erwachen. So, wie du aus dem Schlaf erwachst, wenn es an der Zeit ist, so wachst du auch aus deiner Unbewusstheit auf, wenn der richtige Zeitpunkt gekommen ist. Sei bis dahin offen für das, was ist. Du bist im Hier und Jetzt. Und wenn dein Ego spricht, stellst du einfach fest: »Aha, da spricht mein Ego.« Beurteile oder verurteile es nicht. Sei bewusst und präsent. Spüre deinen Atem.

Sage: »Ich bin.«

Nimm dein Leben in die Hand!
Folge deinem Herzen!
Sei mutig!
Glaube an dich!
Vertraue der Stille!
Entdecke die Quelle IN DIR!

Über den Autor

Oliver Driver hat 19 Jahre als Führungskraft in der Bau- und Immobilienwirtschaft gearbeitet, bevor er 2006 sein Leben auf den Kopf stellte. Auslöser war eine Krankheit, die ihn lehrte, seinen Weg zu überprüfen. Den Werdegang vom Manager zum Schamanen beschreibt er in seinem Buch »Die Reise meines Lebens«.

Heute arbeitet er als Schamane, Coach und Unternehmensberater. So, wie die Schamanen immer auch Grenzgänger zwischen den Welten sind, so wechselt Oliver Driver vom Coach zum Schamanen und Autor und verbindet diese verschiedenen Welten.

Er gibt er sein Wissen sowohl in schamanischen Ausbildungen und Workshops zu Themen wie Selbstheilung, Vision, Glück und Sinn, Persönlichkeit, als auch in einem für jedermann offenen »shamanic circle« in Köln weiter.

In seinem »coaching salon« arbeitet er als Coach systemisch, schamanisch und lösungsorientiert mit seinen Klienten an weltlichen und spirituellen Themen aller Art. Zudem begleitet er große und kleine Unternehmen in Veränderungsprozessen aller Art.

Weitere Informationen unter: www.shamanic-coach.de

Bildnachweis

Die Fotos in diesem Buch stammen von der Fotografin
Petra Pajman, www.leichtARTiges.jimdo.com.